思想的・睿智的・獨見的

經典名著文庫

學術評議

丘為君　吳惠林　宋鎮照　林玉体　邱燮友
洪漢鼎　孫效智　秦夢群　高明士　高宣揚
張光宇　張炳陽　陳秀蓉　陳思賢　陳清秀
陳鼓應　曾永義　黃光國　黃光雄　黃昆輝
黃政傑　楊維哲　葉海煙　葉國良　廖達琪
劉滄龍　黎建球　盧美貴　薛化元　謝宗林
簡成熙　顏厥安（以姓氏筆畫排序）

策劃　楊榮川

五南圖書出版公司 印行

經典名著文庫

學術評議者簡介（依姓氏筆畫排序）

- 丘為君　美國俄亥俄州立大學歷史研究所博士
- 吳惠林　美國芝加哥大學經濟系訪問研究、臺灣大學經濟系博士
- 宋鎮照　美國佛羅里達大學社會學博士
- 林玉体　美國愛荷華大學哲學博士
- 邱燮友　國立臺灣師範大學國文研究所文學碩士
- 洪漢鼎　德國杜塞爾多夫大學榮譽博士
- 孫效智　德國慕尼黑哲學院哲學博士
- 秦夢群　美國麥迪遜威斯康辛大學博士
- 高明士　日本東京大學歷史學博士
- 高宣揚　巴黎第一大學哲學系博士
- 張光宇　美國加州大學柏克萊校區語言學博士
- 張炳陽　國立臺灣大學哲學研究所博士
- 陳秀蓉　國立臺灣大學理學院心理學研究所臨床心理學組博士
- 陳思賢　美國約翰霍普金斯大學政治學博士
- 陳清秀　美國喬治城大學訪問研究、臺灣大學法學博士
- 陳鼓應　國立臺灣大學哲學研究所
- 曾永義　國家文學博士、中央研究院院士
- 黃光國　美國夏威夷大學社會心理學博士
- 黃光雄　國家教育學博士
- 黃昆輝　美國北科羅拉多州立大學博士
- 黃政傑　美國麥迪遜威斯康辛大學博士
- 楊維哲　美國普林斯頓大學數學博士
- 葉海煙　私立輔仁大學哲學研究所博士
- 葉國良　國立臺灣大學中文所博士
- 廖達琪　美國密西根大學政治學博士
- 劉滄龍　德國柏林洪堡大學哲學博士
- 黎建球　私立輔仁大學哲學研究所博士
- 盧美貴　國立臺灣師範大學教育學博士
- 薛化元　國立臺灣大學歷史學系博士
- 謝宗林　美國聖路易華盛頓大學經濟研究所博士候選人
- 簡成熙　國立高雄師範大學教育研究所博士
- 顏厥安　德國慕尼黑大學法學博士

經典名著文庫042

結構主義

皮亞傑 著
(Jean Piaget)
王紹中 譯

Cet ouvrage a bénéficié du soutien des Programmes d'aide à la publication de l'Institut français.

經典永恆・名著常在

五十週年的獻禮・「經典名著文庫」出版緣起

總策劃 楊榮川

五南，五十年了。半個世紀，人生旅程的一大半，我們走過來了。不敢說有多大成就，至少沒有凋零。

五南忝爲學術出版的一員，在大專教材、學術專著、知識讀本出版已逾壹萬參仟種之後，面對著當今圖書界媚俗的追逐、淺碟化的內容以及碎片化的資訊圖景當中，我們思索著：邁向百年的未來歷程裡，我們能爲知識界、文化學術界做些什麼？在速食文化的生態下，有什麼值得讓人雋永品味的？

歷代經典・當今名著，經過時間的洗禮，千鍾百鍊，流傳至今，光芒耀人；不僅使我們能領悟前人的智慧，同時也增深我們思考的深度與視野。十九世紀唯意志論開創者叔本華，在其〈論閱讀和書籍〉文中指出：「對任何時代所謂的暢銷書要持謹慎的態度。」他覺得讀書應該精挑細選，把時間用來閱讀那些「古今中外的偉大人物的著作」，閱讀那些「站在人類之巔的著作及享受不朽聲譽的人們的作品」。閱讀就要「讀原著」，是他的體悟。他甚至認爲，閱讀經典原著，勝過於親炙教誨。他說：

> 「一個人的著作是這個人的思想菁華。所以，儘管一個人具有偉大的思想能力，但閱讀這個人的著作總會比與這個人的交往獲得更多的內容。就最重要的方面而言，閱讀這些著作的確可以取代，甚至遠遠超過與這個人的近身交往。」

爲什麼？原因正在於這些著作正是他思想的完整呈現，是他所有的思考、研究和學習的結果；而與這個人的交往卻是片斷的、支離的、隨機的。何況，想與之交談，如今時空，只能徒呼負負，空留神往而已。

三十歲就當芝加哥大學校長、四十六歲榮任名譽校長的赫欽斯（Robert M. Hutchins, 1899-1977），是力倡人文教育的大師。「教育要教眞理」，是其名言，強調「經典就是人文教育最佳的方式」。他認爲：

> 「西方學術思想傳遞下來的永恆學識，即那些不因時代變遷而有所減損其價值

的古代經典及現代名著，乃是眞正的文化菁華所在。」

這些經典在一定程度上代表西方文明發展的軌跡，故而他爲大學擬訂了從柏拉圖的《理想國》，以至愛因斯坦的《相對論》，構成著名的「大學百本經典名著課程」。成爲大學通識教育課程的典範。

歷代經典·當今名著，超越了時空，價值永恆。五南跟業界一樣，過去已偶有引進，但都未系統化的完整舖陳。我們決心投入巨資，有計畫的系統梳選，成立「經典名著文庫」，希望收入古今中外思想性的、充滿睿智與獨見的經典、名著，包括：

- 歷經千百年的時間洗禮，依然耀明的著作。遠溯二千三百年前，亞里斯多德的《尼各馬科倫理學》、柏拉圖的《理想國》，還有奧古斯丁的《懺悔錄》。
- 聲震寰宇、澤流遐裔的著作。西方哲學不用說，東方哲學中，我國的孔孟、老莊哲學，古印度毗耶娑（Vyāsa）的《薄伽梵歌》、日本鈴木大拙的《禪與心理分析》，都不缺漏。
- 成就一家之言，獨領風騷之名著。諸如伽森狄（Pierre Gassendi）與笛卡兒論戰的《對笛卡兒沉思錄的詰難》、達爾文（Darwin）的《物種起源》、米塞斯（Mises）的《人的行爲》，以至當今印度獲得諾貝爾經濟學獎阿馬蒂亞·

森（Amartya Sen）的《貧困與饑荒》，及法國當代的哲學家及漢學家余蓮（François Jullien）的《功效論》。

梳選的書目已超過七百種，初期計劃首爲三百種。先從思想性的經典開始，漸次及於專業性的論著。「江山代有才人出，各領風騷數百年」，這是一項理想性的、永續性的巨大出版工程。不在意讀者的眾寡，只考慮它的學術價值，力求完整展現先哲思想的軌跡。雖然不符合商業經營模式的考量，但只要能爲知識界開啓一片智慧之窗，營造一座百花綻放的世界文明公園，任君遨遊、取菁吸蜜、嘉惠學子，於願足矣！

最後，要感謝學界的支持與熱心參與。擔任「學術評議」的專家，義務的提供建言；各書「導讀」的撰寫者，不計代價地導引讀者進入堂奧；而著譯者日以繼夜，伏案疾書，更是辛苦，感謝你們。也期待熱心文化傳承的智者參與耕耘，共同經營這座「世界文明公園」。如能得到廣大讀者的共鳴與滋潤，那麼經典永恆，名著常在。就不是夢想了！

二〇一七年八月一日　於

五南圖書出版公司

導讀

國立清華大學教育與學習科技系教授　蘇永明

壹、導論

皮亞傑這一本《結構主義》在一九六八年（英譯本一九七一年，中譯本一九八七年）出版時是有些尷尬。當時結構主義的流行已接近尾聲（一九五八—一九六八），一九六六年是高峰，然後逐漸沒落（Dosse, 1997a: xxiv）。而皮亞傑對結構主義的界定偏向動態與有建構的成分，這又與當時主流的結構主義對結構的界定不符，以至於不被承認。Harland在《超級結構主義》一書中就將皮亞傑排除（Harland, 1987:3-4）。

可是，這本書的地位有一點鹹魚翻身的味道。接著產生的後結構主義反而是有建構的成分。所以，重新來讀這本書會有翻案的感覺。哲學界很少把皮亞傑列入哲學家的行列，反而是教育界常引用他的理論。但在介紹時又常將其結構主義這種哲學的成分略而不談。因此，這本書才應該是讀皮亞傑的入門。只是，它還是一本很難讀的書，讀者至少要具備相當的哲學概念。本導讀希望能在這方面略盡棉薄之力。

貳、當時的學術背景

在法國，李維史陀（Lévi-Strauss）所提出的結構與當時正流行的沙特的存在主義（Existentialism）有密切關係。他反對沙特的「存在先於本質」（existence precedes essence），認爲過於強調個人的主體性。李維史陀可說是站在他的對立面，堅持客觀層面，但客觀的基礎是建立在現象的內在結構本身。沙特在一九四五年發表的《存在主義和人文主義》中，以「存在先於本質」爲存在主義的共同主張（Sartre, 1980:26）。沙特之屬於人文主義的陣營可由此看出。他主張「人就是完全由他自己所界定的，那就是存在主義的第一原理」（Sartre, 1980:28）。這等於是過度強調人的能動性（agency）的部分。

李維史陀從瑞士語言學家索緒爾（Ferdinand de Saussure）的結構語言學得到很多啓發，把它當範本，而且把它應用到別的學門（Gutting, 2001:221）。他找出結構的方法就是先排除人的偏見，將現象一直化約（reduction）到基本元素，而這些基本元素必須在各個文化中都共同存在，才算是基本結構。李維史陀說：「人種誌的分析試圖獲致那種超越經驗上千差萬別的人類社會中的『常項』」（李幼蒸譯，1989:311）。這樣的分析其最後目的，就是要把人解銷掉（dissolve）（Gutting, 2001:225），認定有獨立於人之外的客觀律則。而整個結構又必須從最基本的律則拼湊出來，就像拼圖遊戲，逐步串成一個完整的結構。人們的行爲只能是遵循結構的規則，不是去更改或突破。也就是人不能去改變結構，只能遵循結構來行動。皮亞傑把當時流行的結構主義認爲是無主體結構（stuctures sans sujet）（第四章第三節）。

參、本書的重點說明

皮亞傑對結構的界定可以從對心靈的認知結構來理解，也就是感覺動作期、運思前期、具體運思期和抽象運思期都是一種結構，每一個結構都具有三個性質：整體性、轉換性和自主調節性。在皮亞傑所界定的認知結構中具有四個特質：基模（schema）、同化（assimilation）、適應（accommodation）與平衡（equilibrium）。這四個心理特質與前述結構的三個性質雖然不是一對一的對應，但仍是類似的。而皮亞傑對結構的界定與當時主流結構主義有幾個特點：

一、主體的地位

結構的源頭有三種說法：先構、偶發創造或建構論（第四章第二節）。先構論屬於先天論，這是皮亞傑所不同意的。偶然創造論是指傅科用考古學方法所挖掘出的各種「認識體」（épistémè）（有譯爲「知識型」），由於各種認識體並不是連貫的，而是有斷層，所以用偶然創造論稱之。但是，皮亞傑認爲這樣的說法是矛盾的。

> 把傅柯的結構主義說爲沒有結構的結構主義（structuralisme sans structures）一點也不爲過。它保留了靜態結構主義所有否決的面向：對歷史和發生的貶抑、對功能的蔑視、以及對於主體史無前例的否定，因爲人類即將消失。（第七章第二節）

皮亞傑所界定的結構並不是那麼的超越個人的客觀存在。但這種建構也不是開放性的，只是在既有的結構範圍內建構，他說：

人們將承認結構是由主體所建構的。但這可不是像遊戲或畫圖一樣隨心所欲來安排，因此關於結構之建構所要問的特定問題，就是理解如何且爲什麼這種建構可以達到必然的結果，「就好像」這些結構從來都被預先決定好了。（第四章第二節）

也就是說，雖然有建構的成分，但也只等於在冥冥之中依據某個已存在的藍圖在依樣畫葫蘆而已，不是眞正有主動性。然而，這樣的結構還賦予主體某種程度的能動性。相較之下，李維史陀的結構是「非功能、非發生①、非歷史」（第六章第二節）的客觀存在，人不能去改變它。這就類似皮亞傑對於格式塔（gestalt）作爲結構的批評：

在一些結構主義者眼裡，格式塔仍是令它們贊同的「結構」類型，

① 指的是發生學（genetics）的解釋。

他們隱含或明言的理想是找尋「純粹的」結構，因爲他們要找的結構是沒有歷史，特別是沒有發生、沒有功能、並與主體沒有關係。（第四章第一節）

皮亞傑對結構的界定另一個與李維史陀不一樣的地方是，皮亞傑反對將結構置放在「無意識」（或譯作潛意識）的層次（第六章第一節）。因爲，這已不屬於人類智能的範圍了。當然，這也不在先驗的層次，仍屬於意識狀態。在本書的結論中，皮亞傑說：「『結構』並不殺人，也不殺死主體活動。」（本書結論）也就是人的主體性是不能否認的。

二、走向建構

皮亞傑主張，「在科學領域裡，結構主義始終與一種建構主義相一致」（本書第七章第一節）。因此，關於沙特與李維史陀的爭議，皮亞傑是站在沙特這一邊，他說「李維史陀正確的指出了沙特思想聚集在『我』或是『我們』所引發的困難」（第七章第一節），這裡的「我」或是「我們」都是對主體能動性的強調。「至於沙特辯證法中的建構主義，我們給予支持，而不贊同李維史陀在這方面的反對意見。」（第七章第一節）當然，皮亞傑對沙特的支持仍是有所保留的，它並不是那麼極端的完全支持人的主體性。

主流的結構主義認爲結構不是人們可以改變的，只有遵循的分。但皮亞傑所界定的結構是人參與建構而成的。

> 主體就是演員，而且主體時常就是結構化的作者，在過程中亦步亦趨地進行調整，以及涉及一種主動的均衡化，針對來自外界干擾進行相對的補償，因此是一種不間斷的自主調整。（第四章第一節）

在本書的結論中，皮亞傑指出：「不存在無建構的結構。」（本書結論）這等於強烈否定了當時主流結構主義所界定的靜態結構。而動態形成的結構讓主體有運作的空間。

> 結構就是它們的組成規律或均衡形式，而不是它們所依賴的一種先

於它們或優於它們的實體。事實上，相對於一般的行動，操作的本質就是系統的自主協調與自主組織：透過系統建構本身，系統構成了結構，而不是結構預先存在於行爲之前、建構之前並預先決定了它們。因此，這本小著作中所分析的結構主義的關鍵就在於操作的優先性（le primat de l'opération），在它所涉及的所有方面皆是如此，包括數學的或物理的認識論、智力心理學、以及實踐與理論之間的社會關係。若將結構的源頭切斷了，我們就會得出一些形式性本質的結構（structures des essences formelles），當結構不停留在口頭上，透過將結構深入其源頭，我們才恢復了它們與發生的或歷史的建構主義以及它們與主體活動的密切連結。（本書結論）

這種建構式的結構可說是一種折衷，讓主體還有發揮的空間。這也是後結構主義所要恢復的，只是恢復的程度恐怕未能令人滿意。

三、對傅柯的評論

傅柯（一九二六－一九八四）與皮亞傑（一八九六－一九八〇）算是同時代的人，皮亞傑也針對傅柯早年偏向結構主義的成分加以評論。因皮亞傑這本書是在一九六八年就出版，所以對傅柯晚期轉向後結構還未見到。

傅柯的著作《詞與物》（*Les mots et les choses*）給了一個相當令人驚訝的例子。這是一個風格耀眼、充滿獨到傑出想法、並且展現淵博學識的作品（尤其在生物學史方面。相較之下，心理學史方面就遜色了），但是他對於時下的結構主義只選取了負面的面向，我們在他的「人類科學考古學」（該著作的副標題）中所能找到的，主要只有與語言有關的概念原型（archétypes conceptuels）研究。傅柯對人特別厭惡，並認爲人文科學只是這些「突變」的一時產物，這些突變是「先天上歷史性的」（a priori historiques）；或者是在時間上無序地接踵而至的認識體（épistémè）；事實上，這種誕生於十九世紀的人的科學研

究總有一天會被沒人可以意料得到的某種新的認識體所取代而壽終正寢。（第七章第一節）

皮亞傑的評論應是正確的，最後一句評論也可以說他預見到結構主義這種對人極端的偏見將被取代。

參、心得

一、結構是對現象的概括

結構的概念可說是人們嘗試對現象所做的一種概括，它類似系統、模組等概念。凡是較固定、恆存的狀態就會被認爲像是結構。例如，社會階級其不斷再製之後，就會像是牢不可破的結構。《資本主義的美國之學校教育》（李錦旭譯，1989）就從這個角度來看待階級對教育的制約。但是，不管是主流的結構主義者或是皮亞傑都認爲結構存在於各學門。皮亞傑這本書討論了數學結構與邏輯結構、物理結構與生物結構、心理結構、語言結構、社會研究中的結構應用，是可用在幾乎所有學門的。然而，筆者認爲這是過度推論，尤其，人文現象與自然科學現象應該分開處理，不能一概而論。後結構主義者就對自然科學的客觀性大加揶揄，以破壞其結構爲能事。結果發生了索卡（Allan Sokal）事件（Sokal, 2008），而且事情還不只這一椿，包括路希·伊莉嘉萊（Luce Irigary）、布魯諾·拉圖（Bruno Latour）、尙·布希亞（Jean Baudrillard）、德勒茲（Gilles Deleuze）等人都有不良紀錄（蔡佩君譯，2001）。

結構主義強調結構的客觀性，後結構主義要破壞這種客觀性，以至於對自然科學的客觀性也隨意的否定。這都是未能其區分人文現象與自然科學的差異。結果，結構主義和後結構主義都是犯了類似的錯誤，看起來好像是走冤枉路，但也不是完全沒有價值，這代表了人們對於解釋這個世界的一種嘗試，還是會留下痕跡的。相較而言，皮亞傑的立場較爲折衷，它比結構主義和後結構主義所犯的錯誤都要來得少。

二、臺灣對本書的介紹太少

皮亞傑的理論大概在一九七〇年左右傳到臺灣，而心理學與教育學界也都加以介紹。只是，對於皮亞傑所依據的結構概念卻少有著墨，即對本書幾乎未提及。這就讓人難以理解爲何認知結構會有基模、同化、適應與平衡這四個性質。一方面可能皮亞傑的這一本原著難以取得，另一方面或許應該說本書對結構的界定哲學成分太強了，讓一般把皮亞傑當成心理學家在研究的人即使知道有這本書，也難以讀懂、常會去忽略它。臺灣的教育學界引用到這本書的大概只有王文科（1983）有參照英譯本②，而這又是了解皮亞傑理論的關鍵。如今，如果先讀了這本書之後再去讀皮亞傑的其他著作，那就容易進入了。

三、本書未獲公平對待

從前述皮亞傑的結構主義與主流結構主義的立場之差異可知，它被排斥是理所當然的。只是，到了九〇年代，甚至二〇〇〇年了，在法國的學術史（Gutting, 2001）或是結構主義的學術史（Dosse, 1997a,b）對於皮亞傑也都未正面看待，更別說去加

② 他參考的是一九七一年的英譯本，RKP.（Routledge & Kegan-Paul）出版。

以平反。筆者認爲，當年皮亞傑所持的立場是比主流的結構主義要持平，至少對主體的定位不會那麼偏頗，仍讓主體有發揮的空間。

茲以《結構主義史》（Dosse, 1997a,b）一書爲例，這兩冊合計有九七五頁，並沒有專章討論皮亞傑，提到他的頁碼只有十一頁。而眞正討論皮亞傑對結構的看法的有五個地方。在上冊一七三頁提到皮亞傑討論結構的發生學根源；一七五頁提到皮亞傑批評格式塔過於靜態。下 七七頁是皮亞傑參與《我知道什麼？》（*Que sais-je*）一書的寫作，該書專門討論結構。但此書很快就變成結構主義者的手冊，到今天仍有人把皮亞傑和結構主義當成一體，作者正確指出，皮亞傑是結構主義的批評者；下冊三〇三頁提到對結構主義的修改，社會學家布爾迪厄（Pierre Bourdieu）的修改不採取皮亞傑的路線；下冊四二九頁談結構主義與哲學的分分合合的關係。由於皮亞傑對當時的主流結構主義採取批評的態度，因此也就未被算入該陣營，但筆者認爲皮亞傑的立場反而是比較對的，或許有一天，學術史會還他公道。

肆、結論

整體而言，這仍是一本非常難讀的書，本導讀也只就結構的全面性特質做討論，對於書中的個別領域，如數學結構與邏輯結構、物理結構與生物結構、心理結構、語言結構皆未著墨。這個部分讀者可依自己的專長來考量皮亞傑的說法。雖然結構主義的流行已過去，但它代表著人們對理解周遭現象的一個切入點，仍有其學術價值。

參考書目

王文科（1983）。《認知發展理論與教育》。臺北市：五南。

李幼蒸譯，李維—史特勞斯（Claude Lévi-Strauss）著（1989）。《野性的思維》（*La pensée sauvage*）。臺北市：聯經。

李錦旭譯，Samuel Bowles和Herbert Gintis著（1989）。《資本主義美國的學校教育——教育改革與經濟生活的矛盾》（*Schooling in Capitalist America*）。臺

北市：桂冠。

倪連生、王琳譯，皮亞傑著（1987）。《結構主義》。北京：商務印書館。

蔡佩君譯，Alan Sokal & Jean Bricmont 著（2001）。《知識的騙局》（Fashionable Nonsense）。臺北市：時報文化。

Dosse, François (1997a). *History of structuralism. Volume I: The rising sign, 1945-1966*. Translated by Deborah Glassman. Minneapolis: University of Minnesota Press.

Dosse, François (1997b). *History of structuralism. Volume II: The sign sets, 1967-present*. Translated by Deborah Glassman. Minneapolis: University of Minnesota Press.

Gutting, Gary (2001). *French philosophy in the twentieth century*. Cambridge: Cambridge University Press.

Harland, Richard (1987). *Superstructuralism: the philosophy of structuralism and post-structuralism*. London: Routledge.

Piaget, Jean (1971). *Structuralism*. London: Routledge & Kegan-Paul.

Piaget, Jean (1968). *Le Structuralisme*. Paris: Presses univesitairs de France.

Sartre, Jean-Paul (1980) [1945]. *Existentialism & humanism*. Translated and introduction by Philip Mairet. London: Methuen.

目次

第一章

導論與問題現狀

第一節　定義

人們常說結構主義（structuralisme）難以被說明清楚，因爲人們用了太多的形式來表達一個共同的對象，並且「結構」一詞的涵義也愈來愈不同。在當代科學及各種時興討論當中，蔚爲風潮的結構主義所具有的各種意義尚待比較，然而嘗試做出一個綜合，應該還是可能的。不過，這必須要先清楚區分兩個在實然上關聯但應然上獨立的問題。一個是在結構主義各派別在向外開疆闢土的過程中或立定的目標上所呈現出結構這個概念所具有的正面理想性；一個是從這些派別形成及發展過程中，在與不同學科思潮相抗衡時所產生的批判意向。

要做這樣的區分，人們該承認確實存在著「結構主義者」所努力要達到或追尋中的共同理想，那就是可理解性。然而，他們批判意向上的差異卻很大，對某些人而言，如在數學領域中，結構主義藉由同構（isomorphismes）而找到數學的統一性，反對將它劃分爲異質章節的做法；對另一些人而言，例如，好幾代的語言學家，結構主義特別反對針對孤立現象所進行的歷時性研究：其目的是依據共時性而找到整個系統（systèmes d'ensemble）；在心理學上，結構主義在打擊「原子論式的」趨勢方面頗有進展，這種趨勢尋求將整體性化約爲先決元素（éléments préalables）之間的聯合（association）；在目前常見的討論中，人們看到結構主義攻擊歷史主義、功能主義，有時甚至以任何訴諸人類主體的形式爲反對目標。

假如人們想藉由結構主義所反對的、所抗衡對象的這個方面來界定它，那麼很明顯的，人們所能找到的只會是歧異與矛盾。它們來自科學史或觀念史上各種曲折發展。但是，如果我們將焦點放在結構這個觀念的正面性上，則可以發現各類結構主義之間至少存在著兩項共通點：一是一個關於內在可理解性（intelligibilité intrinsèque）的理想或期盼，其依據在於認爲結構是自足的，要理解結構，無須訴諸其本性之外的任何外在元素這樣的共識之上；另一方面，在各種結構主義的具體發展中，它們的確觸及某些結構，並且在差異中顯現出結構的某些普遍且看來是必然的特點。

首先，結構是轉換系統（système de transformations），做爲系統，結構具有規律（lois）（有別於其組成元素的性質），並且藉由轉換，結構得以自主守恆或自主增長，而無須越出其邊界（frontières）或仰賴外部元素。簡言之，任何結構均包含了整體性（totalité）、轉換性（transformations）及自主調節性（autoréglage）等三個特性。

其次是對這個發現的結構加以形式化（formalisation），不過形式化工作可能是緊接著結構的發現而進行，也可能是在更爲後來的階段才產生。我們應該要清楚的是，形式化過程是理論家的產物，而結構是獨立於理論家的。這種形式化可以表現爲邏輯－數學的公式，或者是運用控制論模型（modèle cybernétique）來進行。因此根據理論家的決定，結構的形式化可以發生在不同的層面（paliers）上，同時，在不同的研究領域中，理論家應該要清楚指明他所發現的結構之存在狀態（mode d'existence）。

轉換性的概念有助於我們將結構主義的範圍界定清楚。因爲假如要在結構的概念下納入各種形式主義，那麼結構主義實際上就會把不是嚴格地經驗主義的、訴諸形式或本質的、從柏拉圖經康德再到胡賽爾的、甚至某些經驗主義的派別如邏輯實證論的（其爲了說明邏輯，運用了一些句法學及語意學的形式）等所有這些哲學理論都涵蓋在內。而且，從前面所整體的和轉換的結構來看，邏輯並不一定是包含著「結構」的，我們所說的結構是從整體的和轉換的結構（structures d'ensemble et de transformations）這個的意義上來說的：邏輯在許多面向上仍保有相當頑強的原子論色彩，邏輯結構主義可說才剛起步。

在本書中，我們將討論的範圍限定在不同科學中的結構主義。光是這麼做，我們已經冒著不小的風險。此外，討論也將涵蓋一些受到人類科學結構主義所影響的哲學思潮之上。但在這之前，我們首先應當花點時間將上述所提出的結構主義定義闡述清楚，並且弄明白爲何一個像封閉性轉換系統這樣看來如此抽象的概念能夠在各領域中激起這麼大的期待。

第二節　整體性

結構所特有的整體性特性是不言而喻的。因爲所有的結構主義者唯一共同的反對意見（參見我們在第一節中關於批評意向的討論），就是主張結構不同於聚集（agrégat），後者是由無關於總體（tout）的元素所組合而成。結構確實是由元素所建構而成的，但這些元素均依循著系統本身的特性規律表現著；這些規律稱爲組成規律（lois de composition），它們無法化約爲累加性的聯合，而是賦予整體有別於元素屬性的整體屬性（propriétés d'ensemble）。例如，整數無法單獨存在，它們必須存在於特定的順序中，我們才能將之合起來成爲一個總體：若不是憑恃著數字序列本身，否則整數無法表現出來，而數字序列表現出如「群」（groupe）、「體」（corps）、「環」（anneau）等結構的特性①。這些都與個別數字的特性有別，個別數字可以是偶數或奇數，可以是質數或可被 n＞1 的數除盡等。

但此一整體性特性實際上引發了許多問題。我們將先關注其中兩個主要問題，其一與整體性的本質有關，另一則涉及形構模式（mode de formation）或先構模式（mode de préformation）的問題。

若認爲各領域中不同的認識論立場只不過是在兩個方案擇一的話，這樣的看法是錯的：亦即，或者承認整體性及其結構性規律，或者是承認一種從元素而來的原子論組合。在觀念史中，我們都可以看到在知覺方面相對於聯想主義的（associationniste）預設，在社會學領域裡相對於個體主義預設等，而分別有著知覺結構（structures perceptives）或格式塔（Gestalt）②，以及社會整體性（社會

① 均爲代數結構（structures algébriques），屬於抽象代數（l'algèbre générale）探究範圍。——譯者

② 德文 gestalt 指形狀、形式等，格式塔學派爲二十世紀初發軔於德國的一個心理學派，又稱完形心理

階級或整個社會）等對立性構想，並認爲只有後者才符合當代結構主義精神。第一種看法③滿足於反轉在這個想要由簡至繁的精神看來順理成章的作法，視「突現」（émergence）④爲一種自然規律，所以打從一開始就直接了當的把整體性加進來。當孔德（Auguste Comte）想要從人性來說明人，而不再由人來說明人性；當涂爾幹（Durkheim）認爲社會總體有如原子聚集而成的分子般的自個體的聚集中突現；或者當格式塔論者相信在初始的知覺中辨識出一種立即的整體性，其可比擬於電磁學的場（champ）效應，這些人確實讓我們注意到一個與先決元素的簡單總和不相同的總體，但是視總體如時間上先於其元素、或者是出現在元素相互接觸的同一時刻，他們簡化了整件事情，錯失了組成規律本質的核心問題。

然而，在原子論式的聯合與突現的整體性這兩種方案之外，還有第三種可能，即

學派。——譯者

③ 這指本段開頭所說的替代方案中的第一種。——譯者

④ émergence 是一個十九世紀開始出現在科學及哲學上的概念。在此，可理解爲元素組成後所出現的不可歸入組成元素本身的新特質。——譯者

操作性結構主義（structuralismes opératoires）的立場：它從一開始就採取了一種關係性的立場，認爲重要的既不是元素，也不是說不清楚如何凌駕在元素之上的總體，而是元素間的關係。換言之，重要的是組成的步驟或程序（端視我們所談的是主觀意向的操作或客觀實在而定），總體僅是這些關係或組成的結果，它們的規律就是系統的規律。

不過，第二個問題就因此產生了，並且比前一個還嚴重，這個問題實際上也是整個結構主義的核心問題：經由組成而來的整體性總是組成著，但如何做到或由誰做到的呢？或者整體性來自於一個組成的過程（或是持續處在這個過程中）？換句話說，結構涉及一種形構或基本上是永恆性質的先構呢？原子論式的聯合預設了無結構的發生（genèses sans structure），經驗主義就是讓我們這麼認爲的。而無發生的整體性或形式則又總是冒著落入本質的超驗領域的危險當中，如柏拉圖式的理念或先驗形式（formes a priori）。在無結構的發生與無發生的整體性這兩者間，結構主義必須作出選擇，不然就是找出能夠超越它們的解決方案。然而，正是在這個問題上，意見也自然分歧得最嚴重，有人甚至認爲結構與發生的問題可能根本不是問題，因爲結構在本質上就是無時間性的。若是如此，也沒什麼好選擇了，更明白的說，這就是先構說所主張的方向。

整體性這個概念本身就已經引發了這個問題，而事實上當我們將「結構」就其當代涵義上所具有的第二個特性嚴肅以待時，這個問題也就更明白，這個特性指結構是一個「轉換性」系統，而不是某種靜態的「形式」。

第三節　轉換性

假如被結構的整體性（totalités structurées）其特性就在於組成規律，而這些規律從本質上來說是結構化的（structurante）。正是這個常態的二元性，或更明白的說，這種恆常與並存的結構化與被結構的二極性（bipolarité）最能說明結構的概念何以如此成功。如同庫爾諾（Cournot）⑤關於「秩序」（ordre）的概念一樣（此外，這是當今數學結構的特殊案例），結構的概念透過其運作本身（exercice）來確保了

⑤ 庫爾諾（Antoine Augustin Cournot, 1801-1877），十九世紀法國數學家、經濟學家、哲學家，致力於運用數學工具探討經濟與哲學問題，是經濟供需模型奠立者之一。——譯者

它的可理解性。而一個結構化作用只能由一個轉換系統組成。

上述的限制條件看來或許令人訝異，特別是假如我們參照語言結構主義在索緒爾（de Saussure）那裡的發跡處（此外，索緒爾⑥只談「系統」來描述對立及均衡的共時性規律），或是看看心理結構主義最早的形式（這是因爲格式塔一般認爲知覺形式是靜態的）。然而，考量一個思潮，我們不應當僅限於其源頭，也要從其發展過程來看，更何況我們從語言學與心理學的開端上已經看到轉換觀念的顯露。語言的共時性系統並非靜止不動：系統根據由其內部的對立或關聯方式（liaisons）所決定的需求，來拒絕或接受種種創新。而在喬姆斯基（Noam Chomsky）⑦「轉換性語法」（grammaires transformationnelles）提出之前，索緒爾帶著某種程度動態性的均衡

---

⑥ 索緒爾（Ferdinand de Saussure, 1857-1913），瑞士語言學家，語言結構方法的開創者。——譯者

⑦ 喬姆斯基（Noam Chomsky, 1928-），美國語言學家，生成語言學（linguistique générative）創立者。他在一九五〇年代提出「生成轉換語法」（grammaire générative et transformationnelle），一方面處理語言的生成性，一方面將其歸結於人天賦的語言能力上。——譯者

概念很快的就延展到巴利（Bally）[8]關於文體學（stylistique）的研究當中，這些研究已經以轉換概念爲基礎，只不過還侷限於個別變化的意義上。至於格式塔心理學，其創立者打從一開始就談到「組織」的規律，這些規律轉換了感性材料。而今日人們主張的或然性概念則是更加強了知覺當中的轉換性面向。

實際上，從最基本的數學的「群」到規範親屬關係的結構等，所有已知結構皆爲轉換系統。不過，這些結構可以是無時間性的（因爲1＋1馬上「得」2，而3「跟著」2，中間也沒有時間間隔），也可以是時間性的（因爲結婚需要時間），而且假如這些結構不包含轉換，結構便與一般靜態的形式沒什麼兩樣，同時也喪失其說明上的優勢。不過，我們立刻要問的是，轉換的來源是什麼？更直截了當的說，就是轉換跟形構的關係的問題。的確，我們在結構中應該要區分受轉換所作用的元素，以及決

---

⑧ 巴利（Charles Bally, 1865-1947），瑞士語言學家，一九一六年與 Albert Sechehaye 一同根據學生筆記，整理出版了其老師索緒爾的《通用語言學》（*Cours de linguistique générale*）。長期做爲索緒爾的同事及合作者，他參與了結構主義的奠基工作。法語文體學奠立者，主要研究感性如何透過語言表達。另見第五章第二節末。——譯者

定轉換的規律：我們可以輕易地將轉換的規律設想為固定不變的，甚至在一些形式化程度不那麼高的結構主義中（這是從形式化科學的角度上來看的），人們可以看到一些優秀的學者不支持發生心理（psychogenèse）的見解，而從轉換規律的穩定性一下子就跳到天賦（innéité）的概念上。例如，喬姆斯基就是如此。對他而言，生成語法（grammaires génératrices）主張具有天賦句法規律的性質，如同穩定性就是無法由均衡化（équilibration）作用來說明，或是這套天賦論的假設把問題推給生物學的做法不會引發別的問題。不過實際上，這中間所引發的問題，並不亞於發生心理所涉及的問題⑨。

然而，所有反歷史性的或反發生性的結構主義所隱含的希望，就是將結構確立在無時間性的基礎上，如同數學—邏輯系統一樣，喬姆斯基的天賦論（innéisme）便涉及將句法化約為一種「幺半群」（monoïde）⑩的形式結構。要不就一開始躲在超驗

---

⑨ 皮亞傑在此討論結構的轉換性從何而來的問題。天賦論認為此乃人類先天固有的，也就是將問題推到生物學的範圍上，皮亞傑則主張發生心理的解釋，強調轉換性是後天發生的、動態的。——譯者

⑩ 群是具備封閉性、結合性、單位元素（élément neutre）及反元素（élément inverse）的集合（參見

論（transcendantalismes）的掩蔽下，而棲身在非時間性的轉換系統如「群」或「冪集合」（ensemble des parties）⑪網絡當中。但是如果我們想建立起一個符合跨學科認識論要求的一般結構理論的話，我們就不得不去問這是如何可能。對此，人們總是可以透過訂立一些如公理規則的方式來進行。但是從認識論的角度來看，這麼做只是一種優雅的剽竊行爲，就是利用早先建造者努力所完成的成果，而不是自己建造基礎材料。另一種方法是結構系譜學的方法（généalogie des structures），其基礎是哥德爾（Gödel）⑫所提出的結構在「強」（force）、「弱」（faiblesse）之間或大、小的差別（見第二章），這個方法在認識論上較沒有上面所說的那種將認識工作歸給別人（aliénations cognitives）的問題。在這種情況下，一個核心的問題不能再迴避，

第二章第一節開頭），么半群是僅具備結合性與單位元素的集合。——譯者

⑪ 冪集合（power set）爲一集合之所有子集合的集合。若A是一個集合，則由A的所有子集合所組成的集合，稱爲A的冪集合，以符號2^A表示。——譯者

⑫ 哥德爾（Kurt Friedrich Gödel, 1906-1978），奧地利數學家、邏輯學家、哲學家，維也納學派成員，最著名貢獻之一是哥德爾不完備定理（théorème d'incomplétude de Gödel）。——譯者

這還不是歷史的或發生心理的問題，而起碼是結構建構（construction）以及結構主義與建構主義（constructivisme）⑬緊密相連的問題。這是我們將要討論的主題之一。

第四節　自主調節性

結構的第三個基本特性是自主調節性。自主調節性使結構得以獲得守恆（conservation）⑭及某種封閉性（fermeture）。我們的說明可以從自主調節性的這兩個結果開始，它們表明一個內在於結構的轉換不會超出結構的邊界（frontières），

---

⑬ 根據皮亞傑基金會（Fondation Jean Piaget）網站的概念說明，「建構主義是皮亞傑在其眾多的心理學及發生認識研究中逐步發展出的概念。據此，客觀知識的取得有賴於同化之邏輯—數學框架的建構。這個建構經過一系列的階段，當中早先取得的形式或結構，加以調整或無，被包含入新的結構當中。」（參見：該網站首頁/PRÉSENTATION OEUVRE/NOTIONS）——譯者

⑭ 守恆是某一實在（例如，一個邏輯類別）的性質，或是某一實在的一項特性（例如，一根莖的長度）的性質，這個性質不隨著此物（可以是思想的對象）所經受的轉換而變化。（參見：同前）——譯者

並且只產生屬於結構並維持其規律守恆的元素。如此，我們將任意兩個整數相加或相減，其結果仍然是整數，這證實了這些數字符合「加法群」（groupe additif）的規律，這就是結構的封閉性。但這種封閉性只意味著這個結構無法以子結構（sous-structure）的方式納入一個更大的結構中，除非當中所牽涉到的邊界調整不會取消此一結構原有的邊界：不是附屬（annexion），而是結盟（confédération），子結構的規律維持守恆，沒有更改，所涉及的變化是一種擴充。

儘管新元素的建構是沒有限定的，這種邊界維持不變的守恆便預設了結構的自主調節性。此一基本特性無疑強化了結構概念的重要性、以及它在各方面所引起的期待，因爲一旦人們能夠將某個知識領域簡化爲某種自主調整的結構（structure autorégulatrice），人們就覺得掌握了整個系統的內在動力。此外，自主調節性依照不同的步驟或程序進行，帶入了一個關於自主調節性等級的思考，也因此讓我們重新回到建構的問題上，並最終回到形構的問題上。

在這個等級架構的頂端（不過其涵義可能因人而異，他人所說的金字塔底部卻可能是我們認爲的「頂端」），自主調節性透過受到完善調節的操作（opérations[15] bien réglées）來進行。完善調節所依據的規則不是別的，就是結構的整體性規律（lois de totalité）。人們可能會說，這不過是玩文字遊戲，而不是眞的在討論事情，因爲或者人們想到的是結構的規律，而規律去規約結構，這本來就是天經地義的；或者人們想到的是進行這個操作的數學家或邏輯學家，這也是天經地義的，因爲只要事情正常進行，其操作也將遵循規則。但是這些要成立，唯有他的操作受到規則良好的約制，唯有結構的規律就是轉換的規律，因而具有操作性。在此情況下，剩下的問題是，結構的觀點到底是怎麼看待操作的。從控制論的角度來看（因而是從調節科學的角度來看），這個等級的操作是「完美的」調整（régulation parfaite）：它

---

⑮ 從發生心理的觀點來看，操作是主體在思想上與行動上組織其具體現實的活動（他分類或命令此一現實中的對象）、轉換它的活動（作用於這些對象的空間屬性或物理屬性）、說明它的活動（賦予此一現實一些操作，其組成規律類似於其操作分組的規律）、或者透過這些活動，主體組織或轉換那些早先作用於此一具體實在之上的那些操作。（參見：皮亞傑基金會網站首頁 /PRÉSENTATION OEUVRE/NOTIONS）——譯者

不僅能夠根據結果來修正錯誤，它還可以透過一些內在的控制方式來預先修正，例如，可逆性（**réversibilité**）（例如，$+n-n=0$），它是矛盾律的源頭（假如$+n-n\neq 0$，那麼$n\neq n$）。

在這個頂端等級之外，接下來還有龐大的一類，其包含了許多不那麼符合邏輯或數學性質的結構。換句話說，這類結構的轉換發生在時間中：語言學、社會學、心理學等。因爲這樣的性質，這一類結構的調節自然就不涉及嚴格意義上的操作，即全然是可逆的（無論是反向（**inversion**）或交互（**réciprocité**））⑯。與此不同，此一等級結構的調節涉及以預期與反饋（**feedbacks**）等作用爲基礎的調整⑰，這也是就控制論的意義上來談的。這一等級的結構將與生命有關的整個領域都涵蓋在內（從生理學的調整作用、基因組或基因庫的內部穩定性（**homéostasie**），參見第三章第二節）。

---

⑯ 後文將對此予以說明，參見第二章第二節。——譯者

⑰ 在探討結構的調節作用時，皮亞傑分別運用到 réglage 及 régulation 等字，爲區分起見，本書將 réglage 及其動詞 régler 譯作「調節」，autoréglage 譯爲「自主調節」或「自主調節性」；而 régulation 及其動詞 réguler 譯爲「調整」，autorégulation 譯爲「自主調整」。——譯者

最後，一般用語上的調整[18]還包含更簡單的結構性機制，這類機制也不應該排除在結構之外：它們屬於節奏性機制，遍見於所有生物及人類的各種層次[19]。節奏透過對稱性及重複性為基礎的這類最基本的方式來達到其自主調整。

節奏、調整與操作，它們就是結構在自主調節性或自主守恆（autoconservation）方面的三個基本程序：從中人們可以各自去探究這些結構「眞實的」建構階段，或者倒過來進行，先以無時間性、很接近柏拉圖想法的操作機制作為基礎，從而引出其餘的一切。但是，至少從新結構建構的角度來看，我們還應該區分兩種調整的層面。一種是內在於已經建構或快完成建構的結構中，它構成結構的自主調整，並在均衡狀態下，朝著結構自主調節性目標邁進；另一種發生在新結構的建構過程中，這類結構將

---

⑱ 換言之，跟前兩項皆從控制論意義上來說的「調整」不同，這一項「調整」是從一般的意義上來說的。——譯者

⑲ 近年來，甚至一個以生物節奏及週期性為研究目標的專門分科已經建立起來，其運用各種數學及實驗的方法。例如，非常普遍的晝夜節奏（rythmes circadiens），亦即大約以24小時為週期的節奏。

原本的結構以子結構的方式包含並整合在一個更大的結構當中[20]。

⑳ 這兩種調整層面對應於皮亞傑所說的兩種適應模式：同化（assimilation）與調適（accommodation）。——譯者

第二章

數學結構與邏輯結構

第一節　群的概念

要對結構主義進行批判性的闡述，就必須從對數學結構的檢視開始，這不僅是基於邏輯上的考量，也涉及到思想史本身。儘管語言結構主義及心理結構主義思想發展之初，主要的影響來源並不來自數學（索緒爾受到經濟學共時性均衡學說啓發，格式塔主義者則取法於物理學），不過當今的社會及文化人類學大師李維史陀（Lévi-Strauss）則直接從抽象代數（algèbre générale）中找到他的結構模型。

此外，假如人們接受我在第一章第一節中所提出的結構主義定義的話，那麼毫無爭議的，「群」結構是最早爲人所知並加以研究的結構。這種結構由伽羅瓦（Galois）[①]所發現，並於十九世紀將其版圖逐步在數學領域裡拓展。群是由一個組成操作（例如，加法）所聚集起來元素的集合（ensemble）（例如，正、負整數），

---

① 伽羅瓦（Évariste Galois, 1811-1832），法國數學家。伽羅瓦是群論先驅，他利用群的概念去討論方程式的可解性，以他命名的伽羅瓦理論（la théorie de Galois）是抽象代數的主要分支，他與挪威數學家阿貝爾（Niels Henrik Abel）並列爲現代群論創始人。——譯者

並且將此操作應用於集合中的元素上，會得到屬於同一個集合的元素；此集合並具有單位元素（élément neutre）（就上述例子而言，即0），它與任一個元素的組成都不會改變這個元素（在此就是n＋0＝0＋n＝n）；更重要的是，這個集合可以進行反向操作（opération inverse）（此處就是減法），如此，正向操作與反向操作組合起來，可得到單位元素（＋n－n＝－n＋n＝0）；最後，所有的組成都符合結合律（associative）（此處就是[n＋m]＋l＝n＋[m＋l]）。

作為代數的基礎，群結構展現出一種非凡的普及性與活力，它幾乎存在於所有的數學領域及邏輯領域中；在物理學上，它也具有根本的重要性；在生物學上，群也有可能在未來扮演重要的角色。此外，更重要的是，我們應該去了解群如此成功的理由，因為群可視為「結構」的一種原型，並且群是在凡事都要求證明的領域裡所發展的，就在結構主義有了一些清楚的形式之際，群提供了最堅實的理由讓人期盼結構主義的未來發展。

群這麼成功的第一個理由是它運用了抽象的邏輯－數學形式，這一點也足以說明群的應用何以能如此普遍。當藉由抽象，一個特質從事物中被找到，這個特質確實讓我們知道關於這些事物的某些東西，但是當這種特質愈具有一般性，它的內容愈可能顯得貧乏而用處不大，這正是因爲它什麼都適用。相反的，邏輯—數學思維所涉及的是反映抽象（abstraction réfléchissante）②，這種抽象並非從對象（objets）上出發，而是從作用於對象的行動（actions）上出發，尤其是這些行動當中最具一般性的協調（coordination），如同蒐集、排序、對應等。然而，人們在群中所能找到的正是這些一般性協調行動，尤其是：(a)返回起點的可能性（群的反向操作）；(b)經由不同路徑達到相同目的的可能性，即路徑上的不同不會導致目的改變（群的結合律）。至於組成（例如蒐集）的性質，它可以獨立於順序（交換群，groupes commutatifs）或者以固定的順序爲基礎。

因此，群的結構就是一種連貫工具（instrument de cohérence），它透過內部的調節或自主調整而具有自身的邏輯。實際上，在其運作中，群運用了理性主義的三項基本原理：由轉換的可逆性所代表的矛盾律（non-contradiction）、由單位元素恆在

② 反映抽象涉及主體，透過已經獲得的行動或操作能力的邏輯—數學協調（coordinations），來建構新的邏輯—數學知識與結構。（參見：皮亞傑基金會網站首頁/PRÉSENTATION OEUVRE/NOTIONS）——譯者

所確保的同一律（identité）、以及最後這項人們較少提到卻一樣重要的原理，亦即目的獨立於達到的路徑③。例如，空間中位移（déplacements）的集合構成了一個群（因爲連續發生的兩次位移可以等同於一次位移；一次位移可被其反向的位移或返回（retour）所抵消等）：位移群（groupe des déplacements）之結合性（associativité）與迂迴（détours）的行爲相符合，這點對於空間的連貫性有著根本的重要性，因爲假如抵達的目的地受到路徑不同而改變，空間就無法存在，只剩下一個恆常的流動（flux），就像赫拉克利特（Héraclite）之河④一樣。

其次，群是重要的轉換工具，但只限於合理的轉換，這類轉換不會一次全改變，因此每個轉換總有著不變量（invariant）：是以固體在普通空間中的位移不會改變其大小，把一個整體分成幾個部分，其加總守恆不受改變等。我們單憑著群的結構就足以駁斥梅耶森（E. Meyerson）所持的相反論點的虛假性，他據此建立了其認識

③ 亦即結合律。——譯者

④ 指西元前六世紀末，古希臘哲學家赫拉克利特的名言「人不能兩次踏進同一條河流」。——譯者

論。據他所見，唯有同一性才是理性的特性，而所有的改變都是非理性的⑤。

兼容轉換性及守恆，群更是一個無可比擬的建構工具。這不僅是因爲它是一種轉換系統，尤其是因爲這些轉換某種程度上可以透過群之分化爲子群以及一個群向其他群可能的過渡（passages）等方式進行調配（dosées）。如此，除了位移的圖形的大小（因此也包含距離）之外，位移群也讓其圖形的角度、平行線、直線等保持不變。我們也可以讓大小改變，但維持所有其他部分不變，人們因此獲得一個更一般的群，而原本的位移群則成爲它的子群：這是相似群（groupe des similitudes），如此我們可以擴大一個圖形，但不改變其形式。接著，人們可以改變角度，但繼續維持平行線與直線等性質不變，如此可以得到一個一般性更高的群，這個相似群則變成子群：這是「仿射」幾何（géométrie affine）群，例如透過這種幾何群將一個菱形改變爲另一個菱形。接下來，人們進而改變平行線，但維持直線，如此人們得到「射影」群

⑤ 梅耶森（Émile Azriel Meyerson, 1859-1933），波蘭—法國哲學家，反對十九世紀實證論，批評其侷限於描述層面，他以同一律爲基礎，主張說明性科學，著重在探索事物的本質，即原因。——譯者

（groupe projectif）（例如透視等），前面的群就成爲它所嵌合的（emboîté）子群。最後，我們可以讓直線也受到改變，某種程度上視圖形具有彈性，唯一不變的是點之間的一對一對應及連續對應關係（correspondances biunivoques et bicontinues），這是一般性程度最高的群或稱爲拓樸（topologie）「同胚」群（homéomorphies）。如此，看似構成一個靜態描述模型的各種幾何學，它們完全是圖形性的，並分散在不同章節中，卻在群的結構之下，構成一個大型建構，並藉著子群間的相互嵌合，其轉換允許從一個子結構過渡爲另一個子結構（而不用說到普通測量學，人們可以單單依賴拓樸學便從中得出非歐幾何的或歐氏幾何的特殊測量學，從而回到位移群上）。這個圖形幾何朝向一個全然轉換系統的根本改變，就是克萊因（F. Klein）在其著名的〈埃朗根綱領〉（Programme d'Erlangen）當中所討論的主題⑥。由於群結構的運

---

⑥ 克萊因（Felix Christian Klein, 1849-1925），德國數學家。數學上主要貢獻在於群論（théorie des groupes）、非歐幾何學及數學分析。〈埃朗根綱領〉是他於一八七二年任命爲埃朗根大學教授的就職演講中提出，題爲〈新幾何研究上比較的觀點〉，當中他運用群的概念將不同的幾何學統整在一起，對後世影響深遠。——譯者

用，這稱得上是結構主義勝利的第一個例子。

第二節　母結構

不過，這只算得上一個局部性的勝利。眞正可被人們稱作數學結構主義的是布爾巴基（Bourbaki）學派⑦，他們所努力的，是要將整個數學領域都放在結構的概念之下。

在過往，古典數學是由內容各異的章節所組成的一個集結，當中有代數、數論、分析、幾何、機率計算等等，各有各的適用範圍及由其內在特質界定出的對象或「存在」（êtres）。群結構可適用於差異性很大的元素上，並且也不限於代數運算，這一點促使布爾巴基學派想依據一種相類比的抽象原理來推廣結構的研究。假如我們

⑦ 布爾巴基（Nicolas Bourbaki），法語數學家團體，一九三五年在維爾（André Weil）號召下成立，主張以結構概念爲基礎，重新構造整個現代數學。一九三九年開始，他們署名 N. Bourbaki 出版專論，並以「數學元素」（Éléments de mathématique）爲系列標題，至今共出版十一冊。

稱已經具有抽象性質的對象爲「元素」，例如，數、位移、投射等（當中已經是操作的結果或者是操作本身），群的特性卻不來自這些元素，它以一種程度更高、更新的抽象性超越這些元素，這種抽象性得出各類元素共同適用的轉換。同樣的，藉由納入同構的做法，布爾巴基學派找出最具一般性的結構，以適用於無論來自哪一個數學領域的各類數學元素，並將其特殊性澈底抽離。

他們這項工作的出發點因此是一種歸納法，因爲他們所研究的基礎結構，無論是在數量上或者是形式上都無法被先驗的推演出來。透過歸納方法，他們因而找出三種「母結構」（structures mères）。之所以稱爲母結構，就是因爲它們是所有其他結構的源頭，並且三者間不能互相取代，因此，三這個數目是回溯分析（analyse régressive）之下的結果，而不是一種先驗建構。首先是「代數結構」（structures algébriques），它的原型就是群，同時也包含所有從原型衍生出來的結構，例如：「環」、「體」等。它們均以可進行正向及反向操作爲特性，亦即透過操作而來的否定的可逆性（réversibilité par négation）這個意義上說的（假如T是操作，T^{-1}是其反操作，那麼$T^{-1}\cdot T=0$）。接下來，人們可以找到「序結構」（structures d'ordre），它立足於關係上，原型是「網」（réseau）或「格」（treillis）（英文

lattice），這種結構具有與群結構相類似的一般性，只是較晚才開始被研究，例如：戴德金（Dedekind）⑧與伯克霍夫（Birkhoff）⑨等。網透過關係的「後繼」或「前行」方式來連結其元素，兩個元素永遠都具有一個最小「上界」（最接近的後繼者，亦稱 supremum）以及一個最大「下界」（最高的前行者，亦稱 infimum）。就像群，網也適用於相當多的情況。例如，適用於一個集合的「冪集合」或「單體」（simplexe），或者適用於群及其子群等。它的可逆性的一般形式不再是反向性的，而是交互性的（réciprocité）：透過（+）與（·）的排列（permutation），或者是透過「後繼」或「前行」的關係，將「A·B 先於 A + B」轉換為「A + B 跟著 A·B」。最後，第三種母結構是拓樸結構，其立基於鄰近性、連續性與限制性等概念。

這些基礎的結構相互區分、各具特性。其他的結構透過兩個程序而形成，或者透過合併，亦即一個集合同時具有兩種基礎結構性質（例如，代數拓樸學）；或者透

⑧ 戴德金（Julius Wilhelm Richard Dedekind, 1831- 1916），德國數學家，網理論先驅。——譯者

⑨ 伯克霍夫（George David Birkhoff, 1884-1944），美國數學家，以格理論（lattice theory）知名。——譯者

過分化，也就是設定限制性公理來界定出子結構（例如，透過先後帶入的直線守恆、平行線守恆及角度守恆，這些幾何群以接續嵌合的方式從同胚拓樸群中衍生出來，參見第一節）。我們也可以從強的結構過渡到「較弱的結構」，例如，一個半群（semi-groupe）依舊符合結合律，但沒有單位元素，也不具反向性（自然數＞0）。

爲了將這些不同的面向銜接起來，也爲了有助於指出結構的一般內涵到底是什麼，很值得我們去追問這個「數學建築」（布爾巴基學派用語）的基礎是否具有「自然的」性質？或是它們只能立足在公理性的形式基礎上？此處「自然的」一詞的意義與我們說「自然數」的意義相同，自然數指正整數，它們早在被數學運用之前就已經發展出來，建構它們的操作來自日常行動，如同早在康托爾（Cantor）將之用於發展第一個超窮基數（cardinal transfini）[10]以前，幾千年來，一對一對應方式已經存在於原始社會以一換一的交易中，或是在遊戲中被孩童運用。

值得注意的是，兒童在發展過程中最初所運用的操作直接源自他對物體所做行爲

⑩ 康托爾（Georg Cantor, 1845-1918），德國數學家，集合論創立者，他運用對射（bijection）的觀念，對無窮集合進行探討。——譯者

的一般協調中（coordinations générales），我們可將這些操作分爲三個主要類別，根據其可逆性是以代數結構中的反向性來進行（例如，分類的結構與數的結構）；或以序結構中的交互性來進行（例如，序列化、序列對應等）；或者是有別於以相似與差異爲基礎，而改以拓樸學基礎結構中依據鄰近性、連續性及邊界等規律所進行的組合。從發生心理的角度來看，這些結構在發生上先於度量及射影結構，符合於理論性的發展順序，卻相反於幾何學的歷史順序。

在一種當然還很初步甚至粗略的形式下，並與理論上所想達到的普遍性與形式化程度相差仍遠的情況下，這些事實似乎指出，布爾巴基學派所談的母結構，與智力在其形構的初始階段中其運作上所必要的協調活動之間有著對應關係。無需費力，我們就可以看出這些最初的操作實際上運用著感覺─動作時期的協調能力（coordinations sensori-motrices）⑪，而無論是在人類嬰兒身上還是在黑猩猩身上，「結構」已經包

---

⑪ 根據皮亞傑的研究，兒童認知發展的前十八個月屬於「感覺─動作時期」（période sensori-motrice），兒童以天生的自發動作及反射能力爲基礎，透過與周遭的互動而展開智力的最初階段發展，由於尚未具備符號運用及表象能力，因此發展上以動作及感覺爲主要依據。——譯者

含在它們的工具性行動中（參見第四章）。

不過，在進一步釐清這些發現在邏輯上有何涵義之前，該注意的是布爾巴基學派的結構主義已經在一股思潮的影響下而有所調整，這股思潮值得我們注意，因爲它讓新結構的發現狀態、再不就是其形構狀態受到注意。這涉及到由麥克蘭恩（Mac Lane）與艾倫伯格（Eilenberg）等人⑫所提出的「範疇」理論（catégories），也就是說一個包含著諸元素及其函數關係的類別，即是帶著態射（morphisme）。實際上，在目前的概念中，函數指一個集合對另一個集合或者對其自身的「對應」（application），如此導向各種形式的同構或「態射」的建構。這也就是說，基於對函數的強調，範疇不再聚焦於母結構上，而是關注在使得範疇得以產生的關聯程序本身，這也就是說，不再認爲新的結構來自於前面操作已經達到的「存在」之上，而是認爲新的結構就是從這些作爲形構程序的操作本身中所產生的。

---

⑫ 麥克蘭恩（Saunders MacLane, 1909-2005），美國數學家，主要研究領域爲邏輯、代數拓樸學。艾倫伯格（Samuel Eilenberg, 1913-1998），波蘭裔美國數學家，與麥克蘭恩於一九四〇年代一同創立了範疇論。範疇論研究數學結構及結構間的關係。——譯者

因此，派普特（S. Papert）[13]認爲，這些範疇主要是爲了掌握數學家所做的操作，而勝於數學本身的操作，這並非沒有道理的。這是反映抽象的另一個例子，即其性質來自施加在對象上的行動，而非來自對象（甚至當先前的對象本身已經是此一抽象的產物）。這些事實對於我們去探究結構建構的性質及方式是非常可貴的。

第三節　邏輯結構

乍看之下，邏輯可說是結構得天獨厚的領域，因爲邏輯建立在知識的形式上，而不是內容。更有甚者，當我們在「自然數」（參見第二節）的意義上提出自然邏輯（logique naturelle）的問題時（邏輯學家對此頗不以爲然），我們很快的就察覺到那些被邏輯形式處理過的內容仍然具有形式，朝著可邏輯的（logicisable）形式的方向進行，這些內容的形式又包含著尚未妥善處理的內容，這當中又包含著形式，層層

⑬ 派普特（Seymour Aubrey Papert, 1928-2016），南非－美國數學家、電腦科學家，人工智慧先驅。——譯者

相繼，每個元素對於位階比它高一層的元素而言是其內容，但對於比它低一階的元素而言則是其形式。

但是，假如形式間的嵌合、以及形式與內容的相對性，對於結構主義理論而言具有很大的啓發性，它們卻引不起邏輯學的興趣，除了以間接的方式涉及到形式化邊界（frontières de la formalisation）的問題之外（參見本章第四節）。無論是符號邏輯或數理邏輯（在今日受到特別青睞），它們都只位在這個向上攀升的進程中的某個點上，但是它們卻有系統的將之視爲絕對起點。從某個角度來說，這種意圖是合理的，因爲只要透過設定公理的方式，這確實是可以實現的。他們所需要做的，只是選定若干被視爲無可界定的概念作爲起點，再用這些概念來界定其他的概念，同時也選定若干被視爲無可證明的命題（因爲選擇是任意的，所以這些也只能是相對於他們的系統而言的），再用這些命題於證明之上。他們所需要的，就只是選定足夠的最初概念與公理，確保它們之間相容不悖，並盡可能的簡約。他們接下來要做是以操作程序爲名給出一些建構規則。在上述的做法之下，形式化便成爲一套自足系統，無須仰賴外部經驗，其起點本身就具有絕對意義。當然，這套系統還剩下沒解決的問題是形式化上邊界（frontières supérieures）的問題，以及那些無可界定的概念與無可證明的命題所涉及到的認識論問題，不過，就邏輯學家自居其中的形式化觀點來看，由於這套系統的調節全然由內部決定，因此它無疑是一個徹底自律的唯一例子，也就是說，這是一個自主調整的完美案例。

據此，人們也許會同意，從廣義的角度來看，每套邏輯系統（其數量是無盡的）構成一個結構，因爲它具備了整體性、轉換性及自主調節性等三項特質。只不過是，一方面，這當中所涉及到的是特意（ad hoc）打造出的「結構」，與此相對，無論是否明言，結構主義所要觸及的是「自然的」結構：這個內涵不清並常負有惡名的概念，或者是指結構深植於人性的想法（從而帶有回到先驗主義的危險），或者是相反的認爲結構涉及在某個意義上根本自外於人性的存在，而人性只能去接受它（這個方向則冒著退到超驗本質方面的危險）。

此外，比前一項還嚴重，相對於它所證明之所有定理而言，邏輯系統的確是一個封閉的整體，不過這只是一種相對的整體性，因爲相對於那些它所無法證明的定理，系統的頂端仍是開放的（特別是那些由於形式化界限〔limites de la formalisation〕而無法決定的定理），又因爲起步的概念與公理涵蓋了一個隱含元素的世界，所以系統的底端也是開放的。

人們可稱作的邏輯方面的結構主義特別以上述的後者爲目標，其明確的意圖是尋找那些隱含在公理規約的最初操作下的東西。人們確實從中找出了一組眞正的結構，不僅可與數學家所運用的龐大結構相較，在直覺上顯得理所當然，獨立於它們的形式化之外，並且這些邏輯結構更是與某些數學結構一模一樣，屬於今日所謂的抽象代數（l'algèbre générale）領域裡，而抽象代數就是一種關於結構的理論。

尤其令人訝異的是，布爾（Boole）⑭是十九世紀符號邏輯的偉大先驅之一，實際上布爾邏輯涉及一種代數，稱爲布爾代數。這種涵蓋了類別邏輯⑮及古典形式的命題邏輯的代數，同時也符合二進位算術（modulo 2），即以0與1爲值。從布爾代數中，人們還可得出一種「網」結構（參見第二節），它除了具有網所共有的特性之外，還多了分配、最大項及最小項、以及特別是補充屬性（每個項目都包含了反向或

---

⑭ 布爾（George Boole, 1815-1864），英國數學家、哲學家、數理邏輯先驅。——譯者

⑮ 一個類別（classe）就是一個概念所涵蓋的範圍。例如，椅子這個概念所涵蓋的各類椅子就構成了椅子類別。關於皮亞傑類別邏輯（logique des classes）說明，參見皮亞傑基金會網頁首頁／PRÉSENTATION OEUVRE/ OEUVRE DE PIAGET/DOMAINES/LOGIQUE。——譯者

否定）：如此人們會說這是一個「布爾網」。

此外，在互斥選言（disjonction exclusive）的（p或q，但不能同時爲二者）及等價（équivalence）的（p與q，或者，非p非q）等兩種布爾運算中，每一個運算都可以構成一個群，它們又各自可以轉換成交換環⑯。如此，在邏輯領域裡，我們再度碰到兩種數學中常見的主要結構。

再者，我們還可以得出一個更具一般性的群，它屬於克萊因四元群（groupe de quaternalité de Klein）的一個特殊案例。或者是一個像$p \cup q$的蘊涵命題（implication）的運算：如果反轉這個命題（反命題N），我們得到，$p \cdot \bar{q}$（否定了原命題）；如果我們將項目對調，或者單單只是維持形式不變但置入否定命題（$\bar{p} \cup \bar{q}$），我們會得到原命題的交互命題R（réciproque）或$q \cup p$。假如在$p \cup q$普通的形式中（或者$p \cdot q \vee \bar{p} \cdot q \vee \bar{p} \cdot \bar{q}$），我們將V與·對調，將得到$p \cup q$的對射命

---

⑯ 參見尚－伯萊茲·格里茲（J.-B. GRIZE）《邏輯學》（*Logique*），第二二七頁，收入皮亞傑等人合著的《邏輯學與科學知識》（*Logique et connaissance scientifique*），加利瑪出版社《七星百科全書》（*Encyclopédie de la Pléiade*）第二十二卷。——譯者

題C（corrélative），亦即 $\bar{p}\cdot q$。最後，假如我們維持 $p\supset q$ 不改變，我們將得到單位轉換I（transformation identique）。於是以交換的方式，我們可以得到：NR＝C；NC＝R；CR＝N；以及NRC＝I。

這當中涉及一個由四個轉換所構成的群，我們從這些命題的二元邏輯（logique bivalente）運算（命題可以是二元、三元等等）中所得到的例子，可以與我們透過四個項目所得到的「冪集合」⑰的數量一樣多；對某些四項元素的集合而言，我們可以

---

⑰我們在一九四九年曾針對INRC群寫過文章（《論邏輯》（*Traité de logique*），Colin出版）。對此，馬克·巴赫畢（Marc BARBUT）寫過一篇評論（*Les Temps modernes* 月刊，第二四六號，一九六六年十一月，〈結構主義的問題〉（Problèmes du structuralisme），第八〇四頁），我認為這當中可能出現了誤解。假如將INRC等同於一個更簡單的形式，其中對AB而言，另外三種轉換被簡化為(1)改變A，(2)改變B，或(3)同時改變AB，這裡頭其實只涉及交互命題。相對的，INRC群設想為元素的，不只是一張四格表AB、$A\bar{B}$、$\bar{A}B$及$\overline{AB}$，而是其冪集合的16種結合方式（若有三項命題，則有256種結合）。而且從心理發展程度上看，INRC群要等到前青少年階段才出現，而巴赫畢所談的那些更簡單的四個元素的群模型則在七至八歲就具備相關能力。

有I＝R與N＝C，或者I＝C與N＝R。唯獨，理所當然的，不可I＝N。

整體看來，對結構主義而言，我們可以在邏輯當中清楚的找到性質完整且更爲有趣的「結構」，而我們可以在自然思維的發展過程中去探究它們是如何在心理上發生的。這個問題值得我們再討論。

第四節　形式化的暫隔界限

對整個結構主義而言，邏輯結構的探究還有另一項好處，那就是呈現出在什麼地方「結構」不應與其形式化混淆，以及在何處結構確實涉及一種「自然的」實在，其內涵我們逐一說明如後。

一九三一年柯爾特·哥德爾完成了一項引起廣泛迴響的發現，因爲這項發現將澈底顚覆當時把數學化約爲邏輯、再把邏輯化約爲純粹形式化的主流看法，也因爲這項發現爲邏輯加上了邊界（frontières），雖然邊界是動態的或暫隔的（vicariant）[18]，

[18] vicariant源自拉丁文，法語用以形容「暫時性的頂替」，此外也指當某個器官功能不彰，在另一

但在建構過程中仍是持續存在的。他證明了一個儘管足夠豐富和一致的理論（例如，基礎算術）是無法以自身條件或以一些更「弱的」條件——此處指懷德海（Whitehead）[19]與羅素（Russell）[20]在《數學原理》（*Principia mathematica*）中所說的邏輯，來證明其本身的非矛盾：單憑自有的工具，理論最後實際上會碰到一些無法決定的命題，因此無法達到理論的飽和（saturation）。不過，人們後來發現，若運用一些更「強的」條件，就可以獲得原本的理論所無法提供的證明：這就是根岑（Gentzen）[21]利用康托爾的超窮算術（arithmétique transfinie）替基礎算術所作的

器官上所出現的暫時性功能頂替現象。在英語中，varicance 指原本相同的物種由於地理阻隔而產生出的物種變異或新物種現象，中文一般譯作地理分隔、隔離演化或替代、分替等。皮亞傑將此字運用在他對形式化界限的討論中，似乎兼有暫時性、頂替性、分隔性等意涵，暫且譯作「暫隔的」。——譯者

⑲ 懷德海（Alfred North Whitehead, 1861-1947），英國哲學家。——譯者

⑳ 羅素（Bertrand Russell, 1872-1970），英國哲學家。——譯者

㉑ 根岑（Gerhard Karl Erich Gentzen, 1909-1945），德國數學家、邏輯學家，主要貢獻在於數學基礎方面的證明論。——譯者

工作。但接下來則輪到康托爾的超窮算術面臨不足以完成自身系統的問題，這又有賴於層次更高的理論。

上述觀察所帶來的第一項好處，是在可比較的結構間引入了結構相對強弱的概念。結構或強或弱的階層概念馬上又表現出建構的想法，就如同在生物特質方面的階層關係便與演化相關：弱的結構所能運用的是較基礎的手段，而當工具發展更爲複雜時，其相應的力量也就更強。這樣的說法看起來應該是合理的。

再者，這個建構的想法也不單單只是一種思想上的看法。哥德爾的發現所涉及的第二項要點是，它實際上以直截了當的方式支持了建構的想法。原因是爲了證明理論的無矛盾，從而使之臻於完善，單單去分析理論之預設是不夠的，更必要的是繼續建構。人們從前可能認爲理論就像是建築在一個自足基礎上的完美金字塔，其底層最堅固，因爲它由最簡單的工具組構而成。但是如果簡單成了弱點的象徵，而爲了鞏固一層，需要建構更上的一層，金字塔的堅實性實際上是懸在頂端，一個無法自我完成的頂端，而且不斷愈蓋愈高：金字塔的意象應該顛倒過來，更明白的說，該由愈高就愈大的螺旋意象來取代。

事實上，視結構爲一個轉換系統的想法，如此就與持續形構的建構主義產生關聯。其理由最終顯得很簡單，所涵蓋的範圍也相當廣泛。從哥德爾的研究成果中，人們獲得了關於形式化界限的許多重要想法，因此能夠呈現出除了形式層面之外，還存在著明確的半形式半直覺或者程度不等的認識層面，其等待著朝向形式化發展。形式化的邊界因此是動態的或暫隔的，而不是如同劃出帝國疆域的圍牆，一下子就全部封閉起來的。拉德西耶（J. Ladrière）㉒提出了一個巧妙的闡釋，他說：「我們不能一下子就飛越思維所有可能的操作。」㉓這只是一個初步而確實的趨近，但是一方面思維所有可能操作的數量不是一次就固定下來的，而且非常可能會增加，另一方面，我們飛越的能力也隨著心智發展而改變，而且我們可以預期它會持續延伸。不過，假如我們考慮到在第三節開頭中所說的形式與內容的相對性，形式化界限的問題其實是更爲單純的關聯到實際上根本不存在本質性的形式或內容這個事實。所有的元素（從感覺—動作時期的動作到操作，或從操作到理論等）同時對歸入其下的內容而言具有著形式的角色，對於在它之上的形式而言又具有著內容的角色：初等算術是一種形

㉒ 拉德西耶（Jean Ladrière, 1921-2007），比利時哲學家、邏輯學家。——譯者

㉓ 《對話》（*Dialectica*）期刊第十四卷第四期第三二一頁，一九六〇年出版。

式，這麼說沒什麼問題，但在超窮算術中它變成一種內容，歸在可數次方（puissance du dénombrable）項下。結果是，在每個層次上，某種內容可能的形式化程度是由此內容的性質所限定。「自然邏輯」的形式化不可能走得太遠，雖然相對於具體行動，它屬於一種形式；而直觀數學（mathématiques intuitives）的形式化空間就大多了，雖然它必須加以提升才能形式化的處理。

假若我們在人類行爲的所有階段中都可以找到形式，直到感覺—動作圖式（schèmes）㉔或直到它們的特殊情況知覺圖式等，我們應該就此得出結論說一切都是「結構」，然後討論就止於此處嗎？從某個意義上來說，或許是如此，但僅止於一切都是可結構的（structurable）這個意義上。但是結構作爲一種轉換的自主調節系統不該與其他的形式混爲一談：一堆石頭也對我們展現出一種形式，因爲根據格式塔理論，有「好形式」，也有「壞形式」（參見第四章第一節），但是這樣的形式不能

㉔ 圖式是動作的結構或組織，這種結構或組織在相似或類比狀況下重複出現的動作中傳遞或推廣。參見皮亞傑、茵海德（Bärbel Inhelder）《兒童心理學》（*La psychologie de l'enfant*），第十一頁註釋，一九六六年，PUF 出版。——譯者

成為「結構」，除非我們可以找到一個周密的理論，讓一套「虛的」（virtuel）運動整體系統在其中作用著。這部分的內容將我們導向到物理學方面的探究。

第三章　物理結構與生物結構

第一節　物理結構與因果關係

透過結構主義前衛思潮，其帶動了人類科學上的革新，並繼續帶來啓發。要討論結構主義，我們確實無可避免的應該從數學及邏輯等領域開始。但是爲什麼接著是物理學呢？其理由是我們無法先驗的知道結構該歸屬於人或歸屬於自然、還是兩者皆是，而兩者的交集處就在於人對物理現象的說明上。

長久以來，物理學家的科學理想是測量現象、建立量化法則、以及透過若干概念，例如，加速度、質量、功、能量等，來詮釋這些法則。在概念之間，若干概念則由另一些概念來界定，並確保一些恆定的原理，以呈現概念間的連貫性。因此，在古典物理學當中，人們可以談的結構主要是指那些由大理論所組成的結構，理論之間再以關係系統的方式相互關聯，例如，在牛頓有慣性、作用與反作用大小相等、以及將力量視爲質量與加速度之乘積等理論①；在麥克斯韋（Maxwell）②則有電與磁交互性的理論。但自從「原理的物理學」（physique des principes）受到動搖；自從在現象上研究的觸角無論是向上或向下都可以伸展到極端的層次；以及，同樣也出乎意料的，自從力學被認爲從屬於電磁學這樣的革命性觀念出現以來，我們看到了結構的觀念受到愈來愈多的重視：測量理論（la théorie de la mesure）便成爲當代物理學微妙之處，我們在測量之前先尋找結構，並將結構視作可能狀態及可能轉換的集合，我們所研究的眞實系統便到其中取得其確切位置，同時我們也根據這個可能性集合（l'ensemble des possibles）來解釋或說明這個位置。

對結構主義而言，上述物理學的演變最主要提出的是因果關係（causalité）本質爲何的問題，更明白的說，就是在法則的因果說明中所運用的數理—邏輯結構與所設

---

①即分別是牛頓第一定律（慣性定律）、第二定律（加速度定律）及第三定律（作用與反作用定律）。——譯者

②麥克斯韋（James Clerk Maxwell, 1831-1879），蘇格蘭物理學家、數學家，主要貢獻在於電、磁、光歸納爲電磁場現象中的麥克斯韋方程組。——譯者

想的眞實的結構這兩者間關係的問題。假如，我們接受實證主義的看法，把數學單純視爲一種語言，問題就不存在了，而科學也只是一種純粹的描述。不過，一旦我們承認作爲一種轉換系統的邏輯結構或數學結構的存在，下列問題便成立，即單憑這些形式性轉換就可以說明我們在事實上所觀察到的眞實變化與恆常嗎？或者，相反的，這些轉換僅涉及一種客觀且獨立於我們的物理因果內在機制在我們思維中的內化反映（reflet intériorisé）；最後，或者在這些外在結構與我們操作的結構之間存在著一種恆常但無名的聯繫，它實際作用著，具體展現在中界區（domaines mitoyens）中，例如，生物結構或我們的感覺—動作行動。

爲了解決意見的分歧，二十世紀初因果關係的兩個主要學說分別朝著上述方案的前兩者而進行；梅耶森將因果關係歸爲異中求同（identification du divers），因而視因果關係爲先驗的；布蘭希維克（L. Brunschvicg）[③]以「有一個宇宙」（從相

③ 布蘭希維克（Léon Brunschvicg, 1869-1944），法國哲學家，被視爲法國觀念論（l'idéalisme français）代表人物之一。皮亞傑關於布蘭希維克因果關係構想的討論，請參見皮亞傑，〈布蘭希維克的人類經驗與物理因果關係〉（L'expérience humaine et la causalité physique de L.

對論的意義上說）這樣的方式來界定因果關係。但前者的困難在於只說明了守恆，但卻將對因果關係而言很重要的轉換推入「非理性」的領域裡。至於後者，其結果則是將操作性結構納入因果關係當中，而將算術視爲一種「物理－數學」（physico-mathématique）學科（儘管人們以布蘭希維克觀念論來談他的思想）。但這個假說仍待心理生物學的驗證。

讓我們再回到物理方面的討論。第一件清楚明白的事情是，只要這個以法則爲基礎的數理－邏輯演繹本身仍舊是形式性的，那麼演繹本身在說明上仍是無法自足的：說明還預設了位於現象底下的存在或「客體」，以及這些存在間的相互作用。然而，讓人驚訝的是，在許許多多的情況當中，這些作用與操作相類似，而且正是在這前後者之間相對應的時候，我們才有了「理解」的感受。然而，理解或說明一點都不只侷限於將我們的操作應用在眞實世界，或者眞實世界「任由」這些操作無往不利的受到應用：一個單純的應用仍不脫法則這個層面。爲了超越這個侷限而觸及原因，就不能

Brunschvicg），《常態與病態心理學刊》（*Journal de psychologie normale et pathologique*），一九二四年六月十五日。——譯者

停留在原地：我們必須將操作歸給（attribuer）客體本身，並視客體本身就包含著操作者（opérateurs）④。唯有如此，我們才能說因果「結構」（structure causale）是一個由相互作用的操作者所組成的客觀系統。

由此來看，物理與用以描述它們的數學工具兩者之間永恆的吻合（l'accord permanent）實在是非比尋常，因爲這些數學工具常常在被如此運用之前就已經存在了。當一個新的事實被發現，一些數學工具也因此被發展出來，但它們並非源自這個物理事實，而是從既有的系統中演繹提煉而成，以模擬（imitation）這個事實。甚至，跟實證主義所設想的不一樣，這兩者間的吻合並非只是發生在一個語言跟它所指涉對象之間的吻合（因爲語言不可能事先講它現在才要描述的事情），而是人類之操作與客體操作者（objets-opérateurs）之操作兩者間的吻合，因此在人類這種身心方面皆具備此能力的特定操作者（或說各種操作的製造者）與存在於各種尺度

---

④ 微觀物理學（microphysique）中的一個時興概念，其中可觀測量概念（grandeurs observables）被相互依賴的操作者概念（opérateurs）所取代，這個概念可以延伸到我們在此處所給予的一般性用法上。（粒子物理學中的 opérateurs 或可譯爲「算符」或「算子」，本書譯爲「操作者」。——譯者）

上物理客體的眾多的操作者之間存在著一種和諧關係：這一切或者可說是萊布尼茲（Leibniz）[5]夢想過存在於封閉單子（monades à volets clos）間預先建立的和諧此一想法的明證；抑或者，如果單子並非意外的沒有封閉起來，而是原本就是開放著的，這一切就可說是已知的生物適應的最佳例證（也就是說，同時是物理化學的與認知的）。

假如上述所說的對一般性操作而言是如此，那麼對於那些著名的操作性結構而言，情況也是如此。例如，群結構（參見第二章第一節）在物理學上受到廣泛的運用，從微觀物理學這個層級一直到相對論、天文、力學都涵蓋在內。對此，人們已經具有相當的了解。而對於主體的操作性結構與外在客觀的操作者結構這兩者關係而言，群的運用具有很大的價值。在這方面，我們可以區分三種情況。第一種情況是，對於物理學家而言，群具有詮釋的（heuristique）價值，其所代表的是物理上做不到的轉換，如同 PCT 四元群（quaternalité PCT）：當中 P 代表對等（parité，圖形向其

⑤ 萊布尼茲（Gottfried Wilhelm Leibniz, 1646-1716），德意志哲學家、數學家。——譯者

鏡像對稱的轉換）；C代表負荷（charge，粒子向其反粒子的轉換）；以及T代表時間的反向。接下來，在不涉及獨立於物理學家的物理過程的情況下，轉換發生自實驗中實驗者對不同因子操控下所引發的物質作用中，或者是轉換來自觀察者根據不同情境對儀器測量結果所產生的不同解讀間的協調。羅倫茲群（groupe de Lorentz）的一種執行便符合這第二種類型，即我們透過對照框架上的改變來協調兩位速度條件不同的觀察者之觀點。群的轉換在此屬於主體的操作，不過在某些情況下，這也是在物理上有可能發生的轉換，這又表現出羅倫茲群的第二種執行，即當它涉及在一個被研究的系統上由同一位觀察者所操作的眞實轉換。這又將我們導向了第三種情況，在其中群的轉換或是獨立於實驗者的操控而在物理上獲得實現，或者是具有物理上的顯著性，但尚處於「虛的」或潛在狀態。

第三種情況，也是三者中最有趣的，顯見在力的組成（composition des forces）情況中（平行四邊形）⑥，也就是不同力組成的結果。值得一提的是，對於以R爲組

---

⑥ 亦即力的平行四邊形原理（parallelogram law）。——譯者

成結果的兩個力而言，我們只要反轉這個結果的力，便可得到與前兩個力相均衡的第三個力R’，它的力與R大小一樣但方向相反。同樣也該一提的是，這個由著與系統聯結關係（liaisons du système）相容的所有「虛功」補償（compensation）⑦對於均衡狀態給予了很好的說明。它與力組成原理，一起構成了以群結構爲基礎的龐大說明性「結構」。

關於馬克斯．普朗克（Max Planck）⑧，我們知道他在量子物理學誕生過程中所扮演的角色，我們也清楚他對自己所引發的這股量子思潮並非完全能調適。除了動力因（causalité efficiente），普朗克曾支持物理現象澈底符合最小作用量原理（principe d’action minimum）。根據他的看法，此一原理屬於「目的因（cause finale），相反的，它以未來，或更確切的說以決定的目的，來導引相關過程開

---

⑦ 亦即所謂的虛功原理（principe des travaux virtuels）或稱達朗貝爾原理（principe de d’Alembert）。——譯者

⑧ 普朗克（Max Planck, 1858-1947），德國物理學家，因發現了能量量子（quanta），於一九一八年獲得諾貝爾物理學獎，量子力學創始人之一。——譯者

展，向目的邁進」⑨。不過，在給予光子（photons）——光線以最短的光學路徑從恆星向我們發射，儘管在穿越大氣層時發生了若干折射現象，以一種如同「具有理性的存在」（êtres doués de raison）般的行爲能力前（前引書第一二九頁），我們已經給予光子操作者的屬性，接下來還要回答的問題是，在這種情況下，在周邊所有可能的路徑中是如何決定出提供最小值的費馬積分（l'intégrale de Fermat）的？在此，我們再次將眞實（le réel）座落在可能的轉換（transformations possibles）的範圍中，正如同在虛功的例子裡，是透過在眞正軌道（trajet）鄰近的所有可能變異中的一種逐步補償而取得說明。

在或然性說明的情況下，可能轉換的角色終於清晰呈現出來：透過或然率增加（也就是熵⑩）來說明熱力學第二定律。儘管它所具有的不可逆性（irréversibilité）

---

⑨ 普朗克，《現代物理中的世界圖像》（*L'image du monde dans la physique moderne*），Gonthier 出版，一九六三年，第一三〇頁。

⑩「熵」（entropie）的概念於一八六五年由德國物理學家克勞修斯（Rudolf Clausius, 1822-1888）提出。entropie 源自古希臘文，指反轉（action de se retourner），克勞修斯藉以指不能轉換爲功的能

與群的組成有所不同，不過也再次顯示出透過可能性集合的組成來確立一個結構，以從結構中演繹出眞實（因爲或然率就是特定案例相對於「可能」案例的關係）。

整體而言，確實存在著獨立於我們的物理「結構」，不過它們與人的操作性結構是相呼應的，它們也具有原本被認爲是人類精神活動所特有的性質，即立足在可能之中，並透過虛擬系統（système des virtuels）來定位眞實情況。這種因果結構與操作結構間的同源關係（parenté）在一些情況中是很可以理解的。例如，當科學說明仍仰賴著部分人爲建構的模型，或是在微觀物理學中出現的若干特殊情況，當中發生的過程與實驗者的行爲無法劃分清楚，也就是基於此，愛丁頓（Eddington）[11]才說出這句還算頭腦清醒的話，他認爲不斷找到「群」形式因此會是很自然的；但是，當有許多的例證顯示結構具有外在於我們的客觀性的時候，上述的解釋方式就行不通了。對此，最簡單的說明是，別忘了我們首先是在自己的行動中發現因果關係。

量總量。當一個系統的熵增加，系統做功能力下降，也因此熵是能量退化的指標。——譯者

⑪ 愛丁頓（Sir Arthur Stanley Eddington, 1882-1944），英格蘭天文學家、物理學家、數學家，主要貢獻在於天文物理學、科學哲學等方面。——譯者

這裡所說的行動，指的不是曼恩．德．比朗（Maine de Biran）[12]所說的形上學意義上的「我」的行動，而是指感覺—動作及工具性的行動（l'action sensori-motrice et instrumentale），在其中，幼兒就已經知道運動的傳遞現象及推動、抗阻所扮演的角色。同樣的，行動也是一切操作的來源；這不是說行動事先包含了這些操作，就像行動也並沒有事先包含所有的因果關係一樣；而是因爲行動的一般協調作用包含一些基礎性結構，其足以做爲反映抽象及後續建構的起點。這又引領我們去探討生物結構。

第二節　有機結構

生命有機體一方面是一種物理—化學系統，另一方面它也是各種主體活動的源頭。假如正如同我們所說的（第一章第一節），結構是一種自主調節的轉換系統，有機體可以說就是結構的原型。假如人能很確切的認識自身的有機體結構，藉由它身兼複合性物理客體與行爲發動者此一雙重性，它將給予我們一把通往結構主義的鑰匙。

⑫ 曼恩．德．比朗（Pierre Maine de Biran, 1766-1824），法國哲學家、數學家及心理學先驅。——譯者

但我們離這樣的認識還有段距離。在歷經了幾個世紀的簡化式的化約主義、或者是主張大過於實際說明成效的生機論（vitalisme），眞正的生物結構主義還在發展過程中。

如同所有其他的化約問題一樣，將生機（le vital）化約爲物理化學作用的嘗試本身就足以讓結構主義引以爲鑑。不過，這個案例格外重要，具有特殊的尖銳性。它的原理是，人們認識無機世界中的現象A、B、C等，透過將它們組成在一起而得到的總合或結果就足以讓我們認識有機體：一系列可稱爲「機械論的」主張就是從這樣的想法中發展出來，這當中最惹惱人的是笛卡兒的動物—機器論（animaux-machines），當中隱含著主張偶然變異、事後選擇的演化觀點失敗，儘管它還在許多領域盛行著。不過這麼主張的人只是忘記了兩項重要事實。其一，物理學不是透過累積資訊的相加而前進的，新的發現M、N總是導致對原有A、B、C的認識進行通盤重整：甚至還有未知的X、Y等項目有待未來的發現。其二，即便在物理學領域內，這些化繁爲簡的化約嘗試，例如，將電磁學化約爲力學，最終也將導向綜合，其中層次較低的認識受到層次較高的認識所豐富；其中所發生的交互同化（assimilation réciproque）[13]將整個「結構」的存在清楚呈現出來，而與相加式或同一式的組成（compositions additives ou identificatrices）有別。所以，對於這些把生機化約爲物理化學作用的做法，我們可以安心以待，因爲它們什麼都「化約」不了，只會朝有利的方向改變關係的兩端。

針對這些簡化與反結構主義的化約作法，生機論時常以整體性、內在或外在的目的性（finalité）等觀點反擊，但如果不說清楚系統中轉換的因果及操作性模式（modalités causales et opératoires des transformations）的話，這些並不是結構。同樣的，由洛依德．摩根（Lloyd Morgan）[14]與另外一些人主張的「突現」說法也僅

---

⑬ 交互同化發生在當兩套認知系統或兩種圖式有著共同對象（例如，一個瓶罐可以被視覺圖式所同化，也可以被抓握圖式所處理），當其中一個系統或圖式與此對象產生了同化作用後，另一個系統或圖式所面對的對象也將受到改變，因而引發後者同化作用的調整。這個過程可以促成一個包含了原有兩個圖式的新圖式之產生。（參見：皮亞傑基金會網站首頁/PRÉSENTATION OEUVRE/NOTIONS）——譯者

⑭ 洛依德．摩根（Conwy Lloyd Morgan, 1852- 1936），英國動物行爲學家、心理學家。主要貢獻在於

限於在不同層次上看到整體性的存在，但光是說整體性在某個時刻「突現」，這只不過是把問題點出來而已。此外，假如生機論強調有機體是主體或主體的源頭，以此反對客體之機械論，生機論總是自滿於從常識的內省中取材而得出的主體概念，或者像是德利許（Driesch）⑮從亞里斯多德「形式」的形上學中獲得啓發。

在此方面，值得注意的是，生物學領域中第一個明確的結構主義嘗試，亦即馮．貝塔朗菲（L. von Bertalanffy）⑯的「有機主義」（l'organicisme），是受到了實驗心理學在格式塔領域、或知覺及大腦控制的運動機能結構方面之研究的啓發。這位生物學理論家在創立「一般系統理論」（théorie générale des systèmes）方面的努力雖然是無可否認的，不過對於當今生物結構主義導向而言，眞正重要的影響卻更來

透過實驗方法進行動物心理研究，提出突現演化論，並影響行爲主義發展。——譯者

⑮ 德利許（Hans Driesch, 1867-1941），德國生物學家、哲學家，以胚胎學研究及生機論主張著稱。——譯者

⑯ 馮．貝塔朗菲（Karl Ludwig von Bertalanffy, 1901-1972），奧地利生物學家。一般系統理論奠立者之一，可應用於生物學、控制論及其他領域中。——譯者

自比較生理學、因果胚胎學、遺傳學、演化論以及動物行爲學等各別領域的進展。

延續著克洛德・貝爾納（Claude Bernard）[17]的研究，生理學長期以來運用了一個從結構觀點看來很重要的概念，即內部穩定性。這個概念最早由坎農（Cannon）[18]所提出；關照著內部環境（milieu interne）的持續均衡乃至於調節，這個概念明確提出整個有機體之自主調整的想法。這個概念在三個方面超越了已知的物理均衡化形式，尤其是根據勒沙特列原理[19]發生在「均衡位移」（déplacements d'équilibre）時

⑰ 克洛德・貝爾納（Claude Bernard, 1813-1878），法國生理學家。他提出「內部環境」（milieu intérieur）的概念，來探討生命體內部環境的穩定性。——譯者

⑱ 關於內部穩定性，「美國心理學家瓦爾特・坎農（Walter Cannon, 1871-1945）所提出的詞彙，homéostase（或 homéostasie）指克洛德・貝爾納（Claude Bernard）在十九世紀做了首次描述的生理調整過程，這個過程涉及維持一個有機體及其細胞良好運作所必需的內在平衡狀態。」（參見：皮亞傑基金會網站首頁/PRÉSENTATION OEUVRE/NOTIONS）——譯者

⑲ 勒沙特列原理（principe de Le Châtelier）由法國化學家勒沙特列（Henry Le Chatelier, 1850-1936）於一八八四年提出，其中建立了如溫度、壓力、密度等物理參數對於化學反應位移方向上的影響

的局部補償作用。

第一點，人們發現結構的調節首先由一般自主調整機能負責，接下來則由分化出來的不同調整器官負責。也就是如此，根據馬可祥（Markosjan）的看法，凝血機制的眾多因子提供一種與系統發育一樣古老的自發性調整機能（可能是從腔腸動物以來就存在了），然後這些因子全部歸由第一種調整器官所控制，也就是激素系統，最後再由第二種調整器官掌控，亦即神經系統。

第二點，一個活結構（structure vivante）因此涉及功能運作（fonctionnement），而這個功能運作又關聯到整個有機體的功能運作。如此，這個活結構所滿足或具有的生物功能，可以從子結構在整體結構中所扮演角色的方式來界定。在生命層面上，上述事實很難否認。不過在認知層面上，有人則認爲結構主義與一切功能主義（fonctionnalisme）都是不相容的。這個看法留待進一步討論。

第三點與有機結構的這種功能特性有著密切關聯。我們注意到，有機結構

模式。該原理並於一八八八年其著作《化學平衡的穩定性法則》（*Loi de stabilité de l'équilibre chimique*）中發表。——譯者

表現出一個任何物理結構都沒有的面向（除了對物理學家而言），亦即對於指示（significations）的參照。對生命主體而言，這些指示在行爲領域中表現的很清楚，特別是本能結構運用各種遺傳性的「指示標誌」（indices significatifs），例如，動物行爲學家所討論的天賦反應機制（innate releasing mechanisms，簡稱 IRM）[20]，但在生物學所謂的正常與異常的區別方面，整個指示作用都是隱含的。例如，新生兒在生產時所發生的窒息危險中，凝血機制立即促成神經方面的調整。

不過，內部穩定性的概念還只是侷限在生理學層面上。當代生物結構主義的一項重要進展，是拋去將基因組視爲孤立基因之聚集（agrégat）的意象，而強調系統的意象，如同多布然斯基（Dobzhansky）[21]所說的，其中基因作用的方式「不再像獨奏家，而像一個樂團」，尤其再加上調整性基因（gènes régulateurs）的作用，如

---

[20] 指動物與生俱來的一套固定行爲反應模式，一個特定的外在刺激，稱作刺激符號（sign stimulus）或釋放因（releaser），將啓動這個機制產生固定行爲反應。——譯者

[21] 多布然斯基（Theodosius Grygorovych Dobzhansky, 1900-1975），烏克蘭裔美籍遺傳學家、演化生物學家。——譯者

幾個基因相互配合而作用於單一特性上，或者是單一基因作用於幾個不同的特性等方式。遺傳的單元不再是個別的基因組，而是「群體」（population）[22]，而且它不是簡單的混合，而是品種組合（combinaison de races），以此方式，其基因「庫」具有一種「遺傳的內部穩定性」，也就是說一種可以提高生存機率的均衡作用，並且是可驗證的，如同多布然斯基與斯帕斯基（Spassky）曾做過的，人們在一個「群體籠」（cage à population）中混合了好幾個已知品種，再研究幾代之後它們的比率。更有甚者，遺傳變異的基本程序不再是突變（mutation），而是遺傳「重組」（recombinaison），這是新遺傳結構形構的主要工具。

在胚胎發生學（embryogenèse）方面，自從「組織者」（organisateurs）[23]發

---

[22] 可參考群體遺傳學（Population genetics）相關內容。——譯者

[23] 「組織者」又稱爲「斯佩曼—曼葛德組織者」（Organisateur de Spemann-Mangold），係指德國生物學家漢斯．斯佩曼（Hans Spemann, 1869-1941）與希爾德．曼葛德（Hilde Mangold, 1898 -1924）在以蠑螈進行胚胎發育實驗時，他們發現透過移植，原腸胚的背唇能起「組織者」的作用，除了本身進行分化之外，還能引導鄰近的外胚層細胞進行分化，發揮組織者的角色。該研究成果於

現以來，結構主義就持續發展著。在衛丁頓（Waddington）㉔研究的推波助瀾下，結構性調整與再生的概念則更受到突顯，他的研究帶進「homéorhésis」的概念，或者說發育動力均衡（équilibre cinétique du développement），即胚胎發展循著「créodes」，或說必然的發展路徑，並對與此路徑的可能偏離進行補償。不過，最爲重要的是衛丁頓指出了發展過程中環境與遺傳綜合（synthèse génétique）的相互作用——表型（phénotype）的形構，以及堅持表型是基因組對環境刺激的回應，演化選擇是以這些「回應」爲基礎，而不是以基因型（génotypes）㉕爲基礎：正是因爲如此，透過演化選擇，「遺傳性同化」（assimilation génétique）才有可能，或說是將後天獲得的特質固定下來。基本上，衛丁頓在環境與有機體的關係中所看到的是

一九二三年發表。——譯者

㉔ 衛丁頓（Conrad Hal Waddington, 1905-1975），英國發育生物學家、古生物學家、遺傳學家、胚胎學家。——譯者

㉕ 基因型（génotype）與表型（phénotype）由丹麥遺傳學家約翰森（Wilhelm Johannsen, 1857-1927）提出。概略上說，基因型指有機體全部的遺傳物質。表型指有機體全部可觀性狀的表現。——譯者

一種控制論迴路，有機體選擇環境，同時也受到環境形塑。自主調整結構的概念在此超越了個體與群體本身，而涵蓋了環境 × 表型 × 群體遺傳庫之複合體。在關於演化的涵義上，這個理解非常根本。同樣的，尚有一些人認爲胚胎發育是完全先構的，並否定漸成（épigenèse）[26]概念的價值（相反的，衛丁頓則重新賦予其完整涵義）。人們這幾年有時會認爲整個演化都是由 DNA 成分的組合所預先決定：有如一種先構的結構主義相對於演化的勝利。藉著回復環境的角色（面對環境所引發的問題，內發性變異做出回應），人們將演化的辯證涵義重新歸還給它，而不是將演化視爲一種永恆命定之展開，當中的空缺及瑕疵也因此無法解釋。

對整個結構主義而言，當代生物學的這些發展成果十分珍貴，因爲它們將比較行爲理論或「動物行爲學」納入，而爲發生心理的結構主義打下不可少的基礎。一方面，動物行爲學清楚呈顯了一個複雜本能結構的存在，就是在這個基礎之上，我

---

[26] 在字的組成方面，「epi-」指在……之上（sur）；「-genèse」指發生、創造（génération, création）。漸成（épigenèse）是一個生物學概念，指胚胎透過細胞增生及分化而逐步發育，而非由先構元素預先決定。——譯者

們今日才能去談本能的邏輯（logique des instincts），而分析本能結構的不同階層水準，在構成一種非遺傳設定的行動及製造工具（instruments fabriqués）的邏輯之前，本能就先構成了器官或有機工具（instruments organiques）的邏輯。此外，其重要性不亞於前者，當今的動物行爲學試圖呈現出所有的學習與記憶均以預先結構（structures préalables）爲基礎，甚至可能是以生殖物質的核糖核酸結構（RNA）爲基礎，它與去氧核糖核酸（DNA）類似，但受變化影響。經驗主義從與經驗的接觸中、從根據環境而得最偶然的變化中尋找知識形構的模式。然而，這些內容除非是先經由結構所同化，否則它們是絕對不會穩固下來的；這些結構不全然都是天賦的，也並非固定不變的，但是它們卻比作爲經驗知識起點的摸索（tâtonnements）要穩定、更具連貫性㉗。

總而言之，生物「整體性」與「自主調整」雖然是物質性的、涉及物理—化學內容的，但它們同時讓我們理解這些「結構」與主體不可分的關聯性，因爲有機體是這

㉗ 皮亞傑此處強調經驗主義誤以爲知識的來源就是經驗，乃至於經驗摸索，但他們忽略了這些經驗本身已經由結構所同化了。——譯者

個主體的源頭：假若，如傅柯（Michel Foucault）所說的，人類不過算是「物的秩序中的一個碎片」，不到兩個世紀以來，只算是「人類知識中的一道小皺褶」[28]，然而我們別忘了，這個碎片、這道皺褶來自一個非常巨大的分裂（craquement），但這個分裂組織得還不差，它就是整個生命[29]。

[28]《詞與物》（*Les mots et les choses*），第十五頁。

[29] 我們似乎可以從生命自物質中「分裂」而來的角度理解皮亞傑的這段話。這個來自物的碎片不是失序漂離的，而是「組織得還不差的」，對皮亞傑而言，這就是體現在從物（客體）到生命（主體）中的結構及其關聯。——譯者

第四章　心理結構

第一節　心理結構主義開端與「格式塔」理論

我們可以認定結構的概念是從二十世紀初期開始出現在心理學領域裡的。當時，符茲堡學派①的「思想的心理學」（la psychologie de la pensée）反對聯想主義②（此時在法國有比奈〔Binet〕③主張，瑞士則有克拉巴雷德〔Claparède〕④）。

---

① 符茲堡學派（l'école de Wurzburg）於二十世紀初發跡於德國符茲堡，採取內省實驗方法，對思想進行研究。——譯者

② 根據皮亞傑基金會，「聯想主義（associationnisme）是一套關於觀念如何產生的理論，在十八世紀由多位哲學家提出，他們同意經驗論的看法，認爲一切知識均來自外在世界，透過將主體與外界連結起來的感官經驗來進行。根據此構想，知識的獲得來自一套觀念聯想（association d'idées）的被動機制，將內在規律性反映到外在世界上。這個主張並將受到十九世紀末、二十世紀初絕大多數的心理學家所支持。」（參見：皮亞傑基金會網站首頁 /PRÉSENTATION OEUVRE/NOTIONS）——譯者

③ 比奈（Alfred Binet, 1857-1911），法國心理學家，智力測驗的發明者（Binet-Simon test）。——譯者

④ 克拉巴雷德（Édouard Claparède, 1873-1940），瑞士心理學家、神經學家，主要研究領域包括兒童

聯想主義認爲可以透過預先元素（感覺及圖像）之間的機械聯想來說明一切。除此之外，讓人很驚訝的是，彪勒（K. Bühler）⑤在這個時期單憑著實驗的方式，便清楚呈現出結構的主觀特質（現象學將對此加以利用）：意向（l'intention）與指涉（la signification）。而且，這與我們在第一章第一節在結構客觀定義中自主調節的這一類轉換概念相對應⑥。實際上，彪勒不僅呈現出判斷是一種具有統一作用的行爲（對於這一點，所有的反聯想主義者都會馬上同意），並且思想具有著由低至高的不同複雜程度，他分別稱爲 Bewusstheit（不依賴圖像而賦予意涵的思想）、Regelbewusstsein（在關係結構中起作用的規則意識等）以及 intentio 或說有導向的綜合行爲（其針對的是思想在運作中的整個架構或系統）⑦。

可惜的是，「思想的心理學」並沒有朝著發生心理性的及生物性的這種根源處

心理學、關於記憶的神經心理學研究等。——譯者

⑤ 彪勒（Karl Ludwig Bühler, 1879-1963），德國心理學家、語言學家，符茲堡學派成員。——譯者

⑥ 實際上是指第一章第四節開頭中所談到的「自主調節性等級」中的第二類。——譯者

⑦ 德文 Bewusstheit 指意識；Regelbewusstsein 指規則意識；intentio 意向。——譯者

的功能性方向進行探索，它唯一進行分析的是已經成型的成人智力領域（此外，我們知道心理學家所研究的「成人」總是選自其助理或學生），這導致最後它只發現了邏輯結構，從而必須得出「思想是邏輯之鏡」的結論。然而，若它能對發生問題進行分析，必然會推翻上述的說法。

毫無疑問的，格式塔理論才是心理結構主義方面最引人矚目的形式。這個理論誕生於一九一二年，源自柯勒（W. Köhler）[8]與韋特墨（M. Wertheimer）[9]兩人看法一致的研究中，並在社會心理學方面由勒溫（K. Lewin）[10]及學生[11]加以延伸。

---

⑧ 柯勒（Wolfgang Köhler, 1887-1967），德國心理學家、現象學家，格式塔學派創立者之一。——譯者

⑨ 韋特墨（Max Wertheimer, 1880-1943），心理學家，奧匈帝國時期誕生於布拉格，格式塔學派創立者之一。——譯者

⑩ 勒溫（Kurt Lewin, 1890-1947），德裔美籍心理學家，美國社會心理學、組織心理學及應用心理學的開創者。——譯者

⑪ 關於勒溫的結構主義，參見第六章。

形式理論（la théorie de la Forme）或說格式塔理論是在現象學的氛圍中發展起來的，不過它從現象學那裡只保留了基本的主客體間相互作用⑫，並斷然走向自然主義方向。這可歸因於柯勒所受的物理學訓練，以及「場」（champs）這一類模型在他及其他成員身上所帶來的影響，不只如此，場的模型也直接影響了格式塔理論。雖然在原理層面上它曾經發揮了激勵的作用，不過如今從某些角度看來，它所造成的卻是有害的影響。

實際上，力場（champ de forces）就跟電磁場一樣，確實涉及一種有組織的整體性，也就是說根據其力量的方向與強度，力的組成採取了某種形式。只不過，這種組成幾乎是立即形成的。假如這當中還說得上什麼轉換，這些轉換也幾乎是立即發生的。然而，在神經系統及多突觸「場」（champs polysynaptiques）中，電流速度已經緩慢許多（從δ波到α波，頻率爲每秒鐘3週期到9週期）⑬。就算從神經輸

---

⑫ 這同樣也是布蘭希維克的概念，而且基本上是辯證的。

⑬ 依頻率的差異，腦波可分爲四類：β波（有意識）、α波（橋梁意識）、θ波（潛意識）及δ波（無意識）。「每秒周數」爲頻率單位，後來改稱赫茲（Hz）。——譯者

入（afférences）而來的知覺組織是迅速的，我們也沒有道理將這個例子普及到一切的格式塔上。而且，由於對場效應的重視導致柯勒除了在「頓悟」（compréhension immédiate，即 insight）這方面之外無法看到智力的眞正作用，這就好像在最終直覺前所進行的摸索都與智力無關似的。尤其，毫無疑問地，在場模型影響下，格式塔論者並不看重功能面向與發生心理面向，以及最終也很少注意到主體的作用。

儘管如此，也正是因爲上述的主張，在一些結構主義者眼裡，格式塔仍是令他們贊同的「結構」類型，他們隱含或明言的理想是找尋「純粹的」結構，因爲他們要找的結構是沒有歷史，特別是沒有發生、沒有功能、並與主體沒有關係。在哲學領域裡，要建構這樣本質性的東西是容易的，因爲在哲學中的創造沒有任何限制；但若要在可加以驗證的眞實中實現，那可就困難了。不過，格式塔給了我們這樣一種假說：對我們來說，重要的是去仔細檢視其價值。

格式塔結構主義的核心觀念是整體性。早在一八九〇年，埃倫費爾（Ehrenfels）⑭

---

⑭ 埃倫費爾（Christian von Ehrenfels, 1859-1932），奧地利哲學家，格式塔心理學奠立者之一。

便指出，針對複雜的對象（例如，一首旋律或一副容貌），存在著著眼於對象整體或其形式性（Gestaltqualität）的知覺：例如，我們改變一首旋律的音調，所有個別聲音都將因此而改變，然而我們卻可以從中聽出同一個旋律。只不過從這些整體性質上，埃倫費爾所看到的是知覺實在與感覺內容的重疊。相反的，格式塔理論的獨創性就在於它反對將感覺視爲預先心理元素，並認爲它們只具有「被結構的」（structuré）元素的角色，而不是「結構化的」（structurant）角色。因此，從一開始就確立了整體性，不過問題是要怎麼說明：場的假說正是在此處派上用場。據此，神經輸入並非各自孤立的敲大腦之門，而是透過神經系統的電場（champ électrique）中介，並給予幾乎立即的組織「形式」。然而，剩下的問題是這種組織的規律到底是什麼。

如同在場當中，所有元素從屬於整體，每一項局部的改變都會帶動整體的改變，知覺整體性（totalités perceptives）的第一項規律不僅是指存在著總體的屬性，而且還指總體量值不等於部分之總和。換言之，這第一項規律就是總體的非累加組成律（la composition non additive du tout），柯勒在這一點上看法很清楚，因此在他的著作《論格式塔的物理學》（*Die physischen Gestalten*）中，他認爲機械力的組成是加法式的組成，因而否認其具有格式塔屬性。在知覺領域裡，這種非累加組成很容易得到證明：一個分隔的空間看起來比沒有分隔的空間大；重量錯覺的例子，由A＋B構成的複合體，例如，一根鉛條置放在一個空盒上，將兩者組合成一個單色、簡單形式的物體，看起來比鉛條A本身爲輕，這是由於關聯上體積的緣故。

第二項基本規律是知覺性整體趨向採取「最佳形式」的規律——「好形式」優勢律（loi de la prégnance des bonnes formes），這類優勢的形式以其簡單性、規律性、對稱性、連續性及元素間的相近性爲特性。在格式塔學派場的假說中，這些特性被視爲物理的均衡原理及最少行動原理（moindre action）所產生的效果，最少行動原理即極值（extremum）原理，例如，在肥皀泡所提供的格式塔案例：最小面積下的最大體積等。格式塔心理學當中還有其他重要並且受到充分驗證的規律，例如，圖形自背景中浮現的規律；邊界規律，亦即邊界被歸在圖形這一邊，而不歸於背景，不過單就我們討論的需要而言，前面提到的兩個規律就已經足夠了。

我們首先應該指出這個均衡化概念的重要性，因爲它讓我們可以對好形式的優勢提出說明，避免將這些形式視爲天賦的：由於均衡規律是強制性的，這就足以說明這些程序何以具有普遍性，而不用將之歸諸遺傳上。此外，作爲一種兼具物理性及生理性的程序，均衡化同時涉及一種轉換系統（儘管其速度非常快）及一種自主調節系統。這兩項特質再加上我們前面說到的那些，體現出整體性的一般規律，這就讓格式塔可以相當符合在第一章第一節中我們所界定的結構。

不過，別的不說，單就知覺這方面來看，我們便可以問，場的假說以及伴隨而來的種種反功能主義後果是否足以將現象說明清楚。針對格式塔理論所說的大腦的場，皮耶宏（Piéron）⑮指出，假如我們將一般似動實驗的兩個刺激物分別呈現給相互隔開的單隻眼睛，似動現象（mouvement apparent）⑯就不會產生，因爲缺乏了左右腦間的立即迴路，而格式塔理論卻認爲有。

從心理學的觀點來看，我們可以在知覺方面進行各種學習，這點就跟物理場的

---

⑮ 皮耶宏（Henri Piéron, 1881-1964），法國心理學家，科學心理學在法國的奠立者之一。——譯者

⑯ 似動現象是指兩個視覺刺激物在特定範圍內的相隔距離間，一前一後出現（時間間隔也有特定範圍），視覺上產生單一刺激物運動的錯覺。與一般似動實驗中雙眼同時看到兩個刺激物不同，皮耶宏的實驗將受試者雙眼隔開，一眼看一個刺激物。——譯者

解釋不大相符。相對於「幾何格式塔」，布朗斯維克（E. Brunswick）[17]證明了他稱之爲「經驗格式塔」（Gestalts empiriques）的存在：例如，向受試者迅速呈現一個介於手掌與五根對稱羽飾物之間的圖形（透過快速顯示器），只有一半的成人會將此樣式朝著對稱方向校正（好幾何形式律），另一半的人則朝向手掌方向（經驗格式塔）：假如在經驗以及如同布朗斯維克所說的發生機率（眞實模型的相對頻率）的影響下，知覺會發生改變，那麼這是因爲知覺結構化依循著一些運作上的規律，而不只是物理性的規律（場的規律），像柯勒的主要合作者沃勒克（Wallach）[18]就承認了記憶在知覺結構化過程中的作用。

此外，在一系列合作者配合下，我們所進行的研究顯示出，在知覺方面存在著

[17] 布朗斯維克（Egon Brunswik Edler von Korompa, 1903-1955），匈牙利裔美國心理學家，以功能主義及心理學史方面貢獻著稱。——譯者

[18] 沃勒克（Hans Wallach, 1904-1998），德裔美國實驗心理學家，以知覺與學習爲主要研究領域。——譯者

一種與年紀相關的顯著演變⑲，並且除了場的效應之外（這是指視覺集中的場）⑳，還存在著「知覺活動」，或說藉著幾乎是有意的探索、主動的比較等方式，將知覺內容關聯起來，它們明顯的改變了正在形成中的格式塔：假如我們特別從對眼球運動的紀錄來研究人對圖形的探索行爲，我們會發現隨著年紀的增長，眼球運動將愈來愈協調及準確。至於場的效應，視覺元素間幾乎立即發生的相互作用看來應該關聯著感知器官的各個部分與被感知圖形的各個部分之間「相遇」的或然性機制（mécanismes probabilistes de rencontres），特別是「配對」（couplages）或說這些相遇間的對

---

⑲ 皮亞傑，《知覺機制：概率模型、遺傳分析、與智力的關係》（*Les mécanismes perceptifs: modèles probabilistes, analyse génétique, relations avec l'intelligence*），一九六一年，法國 PUF 出版。

⑳ 這個「場」不是物理的場，而是視覺的場（champ de centration du regard），指眼球注視不動情況下，視線所及的視覺中心區域。「場效應或視覺中心效應。它不包含任何眼球運動，也就是說只存在於單一的焦點視野內……」（參見：皮亞傑，《兒童心理學》，第二八頁，吳福元譯，唐山出版社，民國七十六年）——譯者

應㉑。我們可以從這個或然性框架中得出一條能夠協調目前已知各種平面的視覺——幾何錯覺的規律。

簡單來說，光是在知覺這個方面，主體就不單是一個單純的舞臺，讓獨立於它且受到自主的物理均衡化規律所作用的劇本在舞臺上演出：主體就是演員，而且主體時常就是結構化的作者，在過程中亦步亦趨進行調整，亦即涉及一種主動的均衡化，針對來自外界干擾進行相對的補償，因此是一種持續不間斷的自主調整。

上述在知覺領域裡所發生的情況，也特別適用於大腦控制的運動機能（motricité）及智力等領域。格式塔主義者也想將它們歸屬在一般格式塔規律下，尤其是知覺方面的規律。在一本研究高等猿猴智力的書中（當中描述到一些新發現，頗令人讚賞），柯勒將智力的行爲喻爲立即的知覺場重組㉒，是從好形式的意義上來說

㉑ 視覺上的場其效應來自在「同一個中心場中同時感知到元素之間的立即相互作用」。（參見註20所引書，第一七二頁）——譯者

㉒ 立即的知覺場重組（réorganisation soudaine du champ perceptif）即前文提到的「頓悟」。即在感知過程歷經困惑，突然間掌握到格式塔（好形式），從而獲得理解。——譯者

的。韋特墨極力把三段論及數學推理都簡化爲依循著格式塔規律的再結構化。但這些從「場」假說延伸而來的詮釋會碰到兩個主要難題。第一道難題是這些充分符合整體性規律的數理—邏輯結構（參見第二章第一至三節）並不是格式塔，因爲這類結構的組成都非常符合加法性的（2加2絲毫不差等於4，儘管〔或說因爲〕加法涉及群的整體結構規律）。第二道難題是感覺—動作時期的主體或已經取得智力的主體是主動的，並且透過反映抽象，建構自己的結構，除非是相當例外的情況，這類結構跟圖形知覺沒什麼關係。不過，此處所涉及的也正是結構主義的核心問題，因此應當仔細予以檢視。

第二節　結構與智力的發生

我們可以將各式各樣的源頭歸給結構；或者說結構如同本質一樣是永恆的；或者說是不知道什麼原因就從善變不定的歷史中冒出來的，傅柯要用考古學的方式來處理；或者就像格式塔一樣，是得自物理世界的；或者說結構以某種方式與主體有關。總歸來說，這些方式也不是無窮盡的，它們或者指向天賦說的一端，當中所包含的先構論讓人想到一切均已預定的想法（除非將它們的遺傳來源歸諸生物學，然而這又必然引發它們如何形成的問題）；或者朝向偶發突現說（émergence contingente），而這馬上又把我們帶回「考古學」方向上，但這次只在主體或人類的「皺褶」內部㉓；或者朝向一種建構。因此，整體而言，關於結構的源頭只有三種答案：先構、偶發創造或建構。從經驗中取得的結構並不算一種清楚的答案，因爲或許經驗不會是「結構的」，除非有某種組織預先限定了經驗；或者經驗被認爲可以直接通往外在世界已先構的外在結構。

因爲偶發突現的構想基本上是與結構觀念相矛盾的（這部分留待第七章第二節再談），而且無論如何，從數理—邏輯結構的本質來看，結構是先構的或是建構的才是眞正的問題。初步看來，結構涉及一種封閉且自主的整體，說它是先構的似乎是順理成章，這也是何以在數學或在邏輯學中會不斷出現柏拉圖式的傾向，以及在那些醉心於絕對開端或醉心於相對於歷史與心理之獨立位置的作者身上，某種靜態的結構主義

㉓ 關於「皺褶」，參見第三章第二節末尾。——譯者

何以如此成功。然而，從另一方面來說，因爲結構是轉換系統，而一部分系統來自另一部分系統，當中至少在抽象意義上具有一定的系譜關係，並且眞正的結構是操作性的，轉換的概念暗示著形構概念，自主調節性則要求自主建構（auto construction）。

這是研究智力如何形構時所碰到的核心問題，而且不得不碰到，因爲研究所牽涉的就是發展中的主體是如何獲得數學—邏輯結構的。對此，或者是主體發現了現成的結構，然而事情很清楚，我們不是像察覺色彩或物體掉落的這種方式來看到結構的存在，若要以家庭的或學校的教育方式來傳遞它們，這也要求兒童最起碼具備了與這類結構已經有所關聯的同化工具（在第五章第四節中，我們將看到語言的傳遞也是如此）；或者，相反的，人們將承認結構是由主體所建構的，但這可不是像遊戲或畫圖一樣由主體隨心所欲來安排，因此關於結構之建構所要問的特定問題，就是理解如何、且爲什麼這種建構可以達到必然的結果，「就好像」這些結構從來都被預先決定好了。

觀察與實驗以最清楚的方式向我們呈現出邏輯結構是建構而來的，甚至要花上至少十二年的時間使其臻於完善，只是這種建構依循著與普通學習的規律不同的特定規律：拜一種雙重作用之賜，其中反映抽象（參見第二章第一節）配合著需求，提供建構的材料；均衡化（從自主調整這個意義上來說的）提供結構內部的可逆組織方式。經由建構，邏輯結構獲致了必然性，先驗主義總是認爲這種必然性不可避免的應該當作起點或是先決條件，然而實際上邏輯結構的必然性是建構過程最終才達成的。

人的結構確實不是無中生有。假如任何結構都是一種發生的結果，根據所見事實，我們應該同意發生過程總是從簡單結構向複雜結構的過渡，而且這個過程可以無限回溯（在目前的知識發展狀態下）。因此在邏輯結構的建構中，我們需要指出其作爲起點的資料（données de départ），但是這些資料不算是最根本的，它們表示的只是我們分析的起點，沒有再向上推展，此外這些資料也尚未具備在後續建構過程中將取之於它們並以它們爲基礎的那些內容㉔。我們用一個概括用語「一般行動協調」（coordination générale des actions）來指稱這些作爲起點的資料，藉此涵蓋所有的感覺—動作協調所共通的關聯方式（liaisons communes）。在此，我們且不深入不同層次的分析細節中。這種分析可以從有機體自發運動及反射動作開始（反

㉔ 換言之，這些資料是建構邏輯結構的基礎，但又還沒經過進一步的結構化而成爲下一層次的基礎。——譯者

射動作無疑是從自發運動經由分化而定型下來的）；或者是從反射動作與本能程序的複合體（本能程序的例子：新生兒吮吸行爲）開始分析，再經過習慣的獲得，最後一直到感覺—動作智力萌生的臨界或者是一些工具性行爲㉕。所有這些行爲的根源是天賦的，其分化作用則是後天獲得的，從中我們可以發現一些功能因素（facteurs fonctionnels）及共通的結構元素（éléments structuraux）。功能因素是同化，透過此程序，一項行爲可以自主的重複進行，並將新的對象整合進來（例如將吮吸手指行爲整合進原本吮吸乳房圖式中）；以及因應著對象差異性而將同化圖式加以調適（accommodation）㉖。結構元素主要是一些順序關係（例如，出現在反射行爲、習

㉕ 儘管說不深入分析，皮亞傑還是列舉了人類智力發展第一時期（感覺—動作時期）的基本過程，從人的本能及自發運動開始，到經由自發運動分化定型而來的反射動作，再到與環境互動過程中所建立起的各種感覺—動作習慣，再到第一時期終點「感覺—動作智力」（l'intelligence sensori-motrice）的完成。——譯者

㉖ 同化是將新的對象納入既有圖式處理，可說是既有圖式的新應用（例如，手的抓握動作圖式可以用來抓握奶瓶，也可以用來抓握玩偶）；調適是指面對新的對象，既有圖式無法處理，因此必須加以

慣行爲中、手段目的的連結行爲中的運動順序）、嵌合（例如，「抓」這種簡單的圖式附屬於「拉」這樣的較複雜圖式中）以及對應（在認知同化中等）。

藉著簡單同化及交互同化[27]，打從前語言的感覺—動作層次開始，這些基本協調形式便允許一些均衡結構得以建立起來，也就是說結構的調整已經可以達到某種程度的可逆性。其中有兩個特別引人注目的形式：首先是行爲上的位移群（位移的協調、繞道、折返：參見第二章第一節），與這個群有關的不變量（invariant）就是超出視線範圍仍持續存在的對象，並可透過同一位移的倒退而找到它們；其次是作用於工具行爲中（例如，利用對象的支撐物或棍子而將對象拉向自己）的這個客觀化、空間化的因果關係形式，這個層次已經可以稱得上智力了，不過還屬於感覺—動作智力，不涉及表象（représentations），基本上僅限於行動及行動的協調。

不過，從符號功能（例如，語言、象徵作用、圖像等）出現，允許人可以想到實際不在眼前的狀態，也就是說運用表象或思維的方式，一些最初的反映抽象就開始

調整，因此是在舊有的基礎上形成的新圖式。——譯者

[27] 關於交互同化參見第三章譯註⑬。——譯者

出現，它涉及從感覺—動作圖式當中得出「反映」（réfléchies）（物理學意義）在思想這個新平臺上的一些關聯方式，並透過不同行爲的形式及概念性結構的形式獲得完善。例如，在感覺—動作的平臺上，順序關係都是嵌在緊密關聯起來的圖式當中，現在從中解脫出來，用以完成一項特定的行爲，例如，整理或排序；同樣的，嵌合原本是隱含著的，現在也從其原本脈絡中脫離，以便執行分類行爲，例如，圖像整理（arrangements figuraux），而對應也開始初步變得系統性（一個「應用」的舉一反三、在複本與範本間元素的一對一對應等）。在這些行爲中，我們確實看到邏輯的開端，但這還得加上兩項重要限制：在其中我們還看不到可逆性，所以也還沒有操作（假如我們將操作定義爲反向的可能性），也因此沒有定量的守恆（分開的整體不保持相同的總和）。所以，這僅涉及一半的邏輯（這是就實際的意思上來說的，因爲它還缺另外一半的邏輯，也就是反向操作的可能）。不過，這一半的邏輯運作起來也已經顯示出兩個相當基本的概念：

(1)首先是函數或有序對應（application ordonnée），也就是有方向的成對關係（couples orientés）的概念：例如，假設我們逐步拉一條以直角分爲A、B兩段的線，兒童清楚明白線段B的增長與線段A的變短之間有著函數關係，但是這並不表示兒童也認爲A＋B的總長度維持不變，這是因爲他只是從序數方式來判斷長度（終點的順序：更長＝更遠），而不是透過單位量化。

(2)其次是同一性關係（relation d'identité），這是「同」一條線，儘管長短有所改變、儘管還有非常多的侷限性，但函數與同一性已經可以構成最基本「範疇」形式的結構（根據第二章第二節所說涵義）。

第三階段是操作誕生的階段（七至十歲），不過這些操作是在一種「具體的」形式之下進行的，直接以事物本身爲對象：序列操作當中的順序涵蓋兩個方向，至今一直受到忽略或不必然會看到的傳遞性㉘由此產生；運用包含量化㉙來分類；乘法矩陣

㉘ 順序的兩個方向指順序關係中的向前、向後關係，如A、B、C、D、E、F、G代表由短至長的七根木籤，其中E長於A、B、C、D，短於F、G。傳遞性（transitivité）指如果A＜B、B＜C，則A＜C。（參見皮亞傑，《兒童心理學》，第八三—八四頁，吳福元譯，唐山出版社，民國七十六年）——譯者

㉙ 包含量化（quantification de l'inclusion）的一個例子是：在一束包含玫瑰與瑪格麗特的花束前，皮亞傑問兒童：「這裡有更多的瑪格麗特？還是更多的花？」對此問題的正確回答出現在七至八歲，

（matrices multiplicatives）；綜合序列與包含所完成的數的建構，以及由分割與順序來完成度量的建構㉚；大小的量化（此前仍停留於順序的）與量的守恆。這些不同的操作所專屬的整體結構是我們所稱的「群集」（groupements），它們是不完整的群（缺少完整的結合性）或半網（semi-réseaux）（只有下界但沒有上界或相反：參見第二章第二節），特別是它們的組成單一的進行而沒有組合（combinatoire）㉛。

根據皮亞傑，這體現出類別包含的邏輯掌握（la maîtrise logique de l'inclusion des classes），也就是說花＝瑪格麗特＋玫瑰，與瑪格麗特＝花－玫瑰兩者的對等。根據皮亞傑，這種掌握歸屬具體操作階段。（引自 Michel Deleau《發展心理學》（*Psychologie du développement*），第一〇八頁，Editions Bréal，二〇〇六年）——譯者

㉚ 關於數（nombre）的建構請參見皮亞傑，《兒童心理學》，第八十五－八十六頁，關於「數量」的討論；關於度量（mesure）的建構參見前引書第八十六－八十七頁，關於「空間」的說明。——譯者

㉛ 就數學而言，組合學是研究數學客體間可形成的不同組合形式的規律（有關排列的數學規律，客體可否重複的安排等）的學科。在發生心理學上，組合指以類似於數學方式的系統性組合所涉及到的

對這些結構展開分析，我們很輕易的就可以承認，藉由反映抽象（它提供所有的元素）與均衡化（操作可逆性的來源）的雙重方式，這些結構都來自更早結構的基礎上。此處，我們所看到的（甚至一步一步的）是眞正結構的建構，因爲這些結構已經是「邏輯的」，而相較於其前身結構而言卻是新的：如此，結構的構成性的轉換（transformations constitutives）確實來自形構性的轉換（transformations formatrices），其間的差別只在於均衡的組織方式。

還不僅止於此。一套新的反映抽象在既有的基礎上建構了新的操作，除了再組織之外，沒有添加其他新的東西，但這一次卻至關重要。一方面，透過對分類進行一般化（généraliser），主體可以做到分類的分類（二次方操作），「冪集合」與布爾網由此而來；另一方面，類別「群集」（groupements de classes）可逆性所特有的反向性（A－A＝0），與關係「群集」（groupements de relations）所特有的交互性這兩者的協調引領我們走向第二章第三節所說明的 INRC 四元群。

形式性思想形式，其客體可以是物質性的，或者是邏輯命題以及將命題連結起來的操作。（參見皮亞傑基金會網站首頁/PRÉSENTATION OEUVRE/NOTIONS）——譯者

現在我們再回到一開始所提出的問題。因此，在邏輯結構絕對先構與任意或偶然發明這兩種見解間，我們看到還有建構的可能，亦即面對著保持均衡方面不斷提高的要求（當目標是兼顧動態與穩定的均衡，而且過程中要求只會逐漸提高、不會減少），結構進行自我調節，並也同時達到一種最終必然性，以及基於可逆性而具有的非時間性。的確，人們總是可以說主體只不過是找到了潛存的永恆結構。而因爲數學—邏輯科學本來就更偏於可能的科學，而非眞實的科學，它們大可按其所需而自滿於這種柏拉圖主義的想法。但是假如我們想將這種一己之見放在認識論上看，我們就應該問這種潛在性來自何處。將它歸諸本質，這只不過是把需要證明的當成論據；要在物理世界中尋找它，這是無法令人接受的。在有機生命中尋找，這確實更有機會，但別忘了抽象代數是不可能「被包含」在細菌或病毒的行爲中㉜。剩下的唯一可能就是建構這種主張。將眞實最終的本質視爲持續不斷的建構，而不是由各種現成結構所累積而成，我們看不出這樣的想法有什麼不合理之處。

㉜ 皮亞傑的意思是，人是從更簡單的生命型態演化而來的，如果邏輯結構不可能潛存在細菌或病毒這樣較簡單的有機體身上，那麼就應該是隨後的發展過程中建構出來的。——譯者

第三節　結構與功能

有一些人不喜歡主體。假如人們從「生活經驗」（expériences vécues）的角度來理解主體，那麼我們承認自己也可歸在這群人當中。另一個不幸是，還存在著一些人，他們認爲根據定義心理學家就是專注於研究這種概念下的主體，我們承認不認識這類的心理學家。假如心理學家耐心的進行個案分析，他們所碰到的是數不清的相同衝突及情結，那麼所觸及的依舊是共有的機制。

在認知結構的建構方面，人們很清楚「生活經驗」所扮演的角色微不足道，因爲這些結構不存在於主體意識中，而是存在於操作行爲中，而這完全是兩回事，並且在達到可對結構進行科學探索的年紀以前，主體對於這些整個的結構（structures dénsemble）完全沒有意識。

因此，很清楚的，假如有必要援引主體活動才有辦法說明先前的建構，這當中所涉及的是一種認識型主體（sujet épistémique），也就是說由處於同一水平的主體皆具有的機制，換言之，它所涉及的是「任一的」（quelconque）主體。因爲如此任一，以至於分析主體行動最好的方式之一，就是透過方程式或機器來建構「人工智能」模型，並提供一個控制論理論，其所要觸及到的，不是在抽象狀態下結構的必要及充分條件（代數就可以提供了），而是其具體的實現與運作方面的必要及充分條件。

從這個觀點來看，結構便與功能運作及各種功能（生物學意義）密不可分。人們也許會認爲，把自主調節性或自主調整納入結構的定義中（第一章第四節），這就已經多過於全部必要條件所要求的。確實，每個人都承認結構涉及一些組成規律：因此結構是受到調節的。但，這是由誰或爲何呢？假如是由它的理論家來調節，結構就只是一種形式性存在。假如結構是「眞的」，那麼當中就涉及一種主動調節機制（réglage actif），因爲這種調節是自主的（autonome），因此應該要稱作自主調整（本章第二節提供了一些例子）。我們如此又落在一種運作的必然性當中，假如根據事實，我們應該將結構歸給主體，如此我們便可同意把主體界定爲一種功能運作中心（centre de fonctionnement）。

但爲什麼是這樣的一種中心呢？假如結構存在，每個結構甚至都具備自主調整，那麼將主體做爲功能運作中心不是又回到把主體簡化成一個單純的舞臺嗎？如同我們所批評的格式塔理論一樣（參見本章第一節）。我們不是又回到當今某些結構主義者所期盼的無主體結構（structures sans sujet）了嗎？假如結構始終都是靜態的，上述的想法或許可以成立。但是，假如結構之間出乎意料的相互建立起關聯方式（不同於封閉單子間預先建立的和諧），那麼關聯方式的機關（organe de liaison）又必然成爲主體，並且只存在兩種可能：或者主體是先驗主義下超驗我的「結構的結構」（structure des structures），或者是較單純的是心理綜合理論（théories de la synthèse psychologique）所說的「我」——參見賈內（P. Janet）㉝著《心理自動化》開頭部分，人的動態（dynamisme）引導他在功能上與發生心理上不斷超越；或者主體不具備這種能耐，在結構被建構之前，他也不具有結構，所以應該更謙遜但也更眞實的說主體所涉及的就是一種功能運作中心。

此刻我們該想到數學家所作的結構主義研究實際上已經回答過這個問題了，並且與發生心理分析間有著一種驚人的類似性（儘管他們沒有想到）：在所有集合的集合這個意義上，「所有結構的結構」並不存在，不只是因爲人們所知的二律背反

㉝ 賈內（Pierre Janet, 1859-1947），法國心理學家。《心理自動化》*L'automatisme psychologique*，出版於一八八九年。——譯者

（antinomies）[34]，而是更根本的因爲形式化的界限（在第二章第四節中我們將這些界限歸到形式與內容的相對性上，我們現在也看到，說到底，這與反映抽象的條件有關）。換句話說，結構的形式化本身涉及一種建構，在抽象層面上這種建構導向於一種結構的系譜，同時在具體層面上漸進的均衡化產生出各種心理發生性質的上下游關係（filiations psychogénétiques），例如，從函數到群集，從群集到四元群及網。

在本章第二節有關建構的討論中，攸關結構形構的基本功能（從生物學意義上說）就是「同化」功能，我們以此來取代非結構主義的原子論構想中的「聯想」功能。實際上，同化是圖式的產生者（génératrice），因此也是結構的產生者。從生物的角度來看，在它與環境中的物體或能量的每一個互動中，有機體一方面將之同化入自己的結構中，一方面因應各種情況進行調適，同化因此是有機體形式持久性與連續性的因素。在行爲方面，一項行動趨向重複發生，即重複同化（assimilation reproductrice），從中出現一個趨向整合已知事物與新事物的圖式，以滿足其實

---

[34] 「所有結構的結構」本身就是自相矛盾的。——譯者

際的需要，即認知同化（assimilation récognitive）與泛化同化（assimilation généralisatrice）。同化作用因此是一個持續將「應用」（applications）關聯起來及對應起來的源頭。在概念表象方面，同化導致了總圖式（schèmes généraux），也就是結構。不過，同化並不是結構，同化只是結構建構上的一個功能面向，在每一個情況中作用著，並遲早會發展成交互同化，也就是結構間愈趨緊密的連結（liens）。

在結束第二、三節討論時，我們不得不提到那些對此種結構主義不表贊同的作者，尤其是美國的作者。例如，布魯納（J. Bruner）㉟不相信結構，甚至也不相信操作，因爲對他而言，這些都沾染了「邏輯主義」（logicisme）的色彩，而無法表達心理事實（faits psychologiques）本身。不過，他相信主體的行動與「策略」（決策理論的涵義），那麼他要如何承認行爲不會內化在操作中、策略只停留在孤立狀態中而非在系統中相互協調呢？再者，布魯納在他所說的不同表象模式（modes de représentation）的衝突中尋找主體認知進步的源頭：語言、圖像、以及行動圖式本

㉟ 布魯納（Jerome Seymour Bruner, 1915 -2016），美國心理學家，主要研究領域爲認知心理學、教育心理學。——譯者

身。但假如當中的每一個模型只給出關於實在不完整、有時還扭曲的看法，那麼要如何將之協調起來？或者該去參照眞實的複本，但這是不可能的，因爲複本也不是同義的（而且爲了複製眞實，首先要認識眞實，而不能只藉由複本）；或者該去參照的就是結構，其協調著所有的工具？只是語言本身無法扮演這個關鍵的結構者角色（rôle privilégié et structurateur），而喬姆斯基結構主義的提出不正是要來簡化本章所討論的問題嗎？這方面就是我們接下來要檢視的問題。

第五章　語言結構主義

第一節　共時性結構主義

語言是一種集體制度，語言規則加諸個人之上。從有人類以來，語言就以強制的方式一代傳給一代，既存的不同語言形式（或說各別語言）皆源源不絕的來自較早的形式，而它們又來自更原始的形式，如此可以不斷上溯到同一個來源或初始階段的多個來源上。此外，每一個字指涉一個概念，概念構成字的涵義。那些立場最堅決的反心智論者（antimentaliste），例如，布隆菲爾德（Bloomfield）①甚至到了主張概念可以全然簡化爲字的涵義的地步（布隆菲爾德更明確的說，概念不存在：它們只是字的涵義。不過這也算是某種賦予概念存在與定義的方式）。除此之外，句法（syntaxe）及語意（sémantique）也涉及一整套規則，無論以他人爲對象或以內在的方式，個別思想要表達出來，都必須遵循著這套規則。

總之，獨立於個人決定範圍、作爲幾千年傳統的承載體以及每個人思想所不可或

---

①布隆菲爾德（Leonard Bloomfield, 1887-1949），美國結構語言學的奠基人物、語言史學家。受到索緒爾啓發，強調語言的結構概念，但反對語意方面的問題。——譯者

缺的工具，語言在人的世界構成了一個獨有的類別，並且由於其歷史悠久（遠早於科學）、普遍性及威力，語言很自然的被夢想爲特別重要的結構來源。在討論語言學家所指的語言結構之前，我們可以先提到的一點是，邏輯實證論認爲邏輯與數學是一般性的句法及語意。在這個看法下，我們在第二章中所描繪的結構不過只是語言結構。與此不同，我們認爲結構是從行動的一般協調中建構及反映抽象而來的結果：在第二種觀點下，普遍發揮作用的一般協調同樣也出現在溝通及交換行爲間的協調中，也因此出現在語言中。在這種情況下，語言結構並不因此就喪失其重要性，只不過它們與所指相關結構（structures relatives aux signifiés）間的關係會有所不同。無論答案是什麼，對整個結構主義而言，語言結構與邏輯結構的關係都是一個根本問題。

語言結構主義發端於索緒爾提出下述想法的這一刻：他指出語言過程不可化約爲歷時性問題。例如，字的歷史常難以說明其當下的涵義，其原因是在歷史的層面之外還有「系統」的層面（索緒爾沒用到結構這個字），系統基本上是建立在作用於其元素的均衡規律上，每一個時刻中系統所依據的是共時性：實際上，語言基本上涉及符號與意義之間的對應，全部涵義自然形成一個建立在差別與對立之上的系統，因爲一個涵義總是相對於其他涵義而言的，也就是一種共時性系統，因爲這些關係是相互依賴的。

　　但假如肇始階段的結構主義基本上是共時性的（對比十九世紀比較語法的歷時性觀點，以及近來哈里斯〔Harris〕②及喬姆斯基的結構主義轉換觀點），這當中涉及三個原因。對此，我們需要謹愼的給予評價，因爲不只是語言學家，在索緒爾的影響之下，有許多人都認爲結構是獨立於歷史的。第一個原因涉及層面很廣，這是有關均衡規律對發展規律的相對獨立性：此方面，索緒爾從經濟學中獲得一些啓發，當時的經濟學非常強調均衡規律（繼瓦爾拉斯〔Walras〕③之後，還有帕雷托〔Pareto〕④），例如，經濟危機實際上能夠導致價格的通盤重整，而獨立於其歷史之外（一九六八年菸草價格由當時市場互動決定，無關於一九三九年或一九一四年的菸草價格）。此外，這一類想法也可能來自生物學，因爲一個器官可以改變其功能，

② 哈里斯（Zellig Sabbettai Harris, 1909-1992），美國語言學家。——譯者

③ 瓦爾拉斯（Marie-Esprit-Léon Walras, 1834 -1910），法國經濟學家，一般均衡理論先驅。——譯者

④ 帕雷托（Vilfredo Pareto, 1848-1923），義大利經濟學家、社會學家，經濟學的貢獻特別在收入分配研究及個人選擇分析等方面。——譯者

或者相同功能也可由不同的器官來滿足。

第二個原因（在當時可能是第一個原因），是想擺脫語言學以外的因素的意念，以堅持系統的內在特徵。

不過，與索緒爾結構主義共時性特徵有關的第三個原因涉及語言學中的一種特殊情況，對此，索緒爾以一種非常一貫的態度堅持著：這就是語言符號的任意性（arbitraire）。語言符號是約定俗成的，沒有內在關係，因此符號的涵義也不是穩定的；當中的原理是意符（signifiant）的語音特徵與其所指的價值或內容之間並沒什麼特別關係。這種對於符號任意性的肯定後來受到葉斯柏森（Jespersen）[5]保留，近來又受到雅各布森（Jakobson）[6]質疑。不過，索緒爾事先就對這些反對意見提供了答覆，他爲此區分了「相對任意」與「澈底任意」。大致說來，指涉一個概念的字與此概念的關係，少於這個概念與其定義及內容的關係，這一點是無可爭議的：

---

⑤ 葉斯柏森（Otto Jespersen, 1860 -1943），丹麥語言學家。——譯者

⑥ 雅各布森（Roman Osipovich Jakobson, 1896-1982），俄羅斯裔美國語言學家、文學理論家，結構語言學先驅。——譯者

假如語言符號有時帶著象徵性（symbolisme），即按照索緒爾所理解的，在象徵者（le symbolisant）與被象徵者（le symbolisé）之間的自然聯繫（motivation）⑦或相似關係；假如，如同班弗尼思特（Benveniste）⑧所曾說過的，對於說話者而言，字一點都不任意（幼童甚至相信事物的名字屬於事物本身：一座山在被人看到而發現之前就已經有了它的名字！）；不過，各式各樣語言的存在卻清楚證明了語言符號這種約定俗成的性質。而且，符號永遠是社會性的（使用上明確的或隱含的約定俗成性質），然而象徵卻可能有其個別性的來源，如同在象徵遊戲（jeu symbolique，或譯假裝遊戲）中或夢中。

假如情況就是如此，當中很清楚的是在語言上歷時性與共時性的關係只能與其他領域中的情況有別，其中結構不是表達方式的結構，而是所指本身（相對於意符）的結構，這也就是說自身就包含著價值與規範力量的現實的結構。尤其，規範的本質就

---

⑦ 自然聯繫（motivation）指「介於一個符號與它所指涉的實在之間、介於意符形式與所指形式之間，或多或少的緊密關係、聯繫。」（來源：法國國家文本暨詞彙資源中心〔CNRTL〕）——譯者

⑧ 班弗尼思特（Émile Benveniste, 1902-1976），法國結構語言學家、符號學家。——譯者

是強制，也就是藉由強制維護其價值，並使其價值受到維護，規範當下的均衡仰賴其歷史，因爲其發展的鮮明屬性就是向均衡邁進[9]（參見第四章第二節）；然而一個字的歷史可以是一系列涵義改變的歷史，而這些改變之間卻沒有任何特別的關係，因爲這些改變只是爲了回應此字隸屬其中的共時性系統在表達需求上的必要性。因此，在歷時性與共時性關係方面，規範結構（structures normatives）與約定結構（structures conventionnelles）處在兩種截然不同的情況裡。至於價值結構（structures de valeurs），就如同在經濟領域中的，它們處於一種中介的位置上，在生產方式發展方面與歷時性有關，而價值間的互動本身則主要與共時性相關。

就當布隆菲爾德及其合作者運用分配方法（méthodes distributionnelles），發展出一種基本上是描述性與分類性的語言學、延伸了索緒爾共時性結構主義的時候，另外的研究者透過音韻學（phonologie）[10]的研究，也爲結構主義找到了一些

---

⑨ 因此是建立在持續增加的可逆性基礎上；然而在語言學領域，它涉及更多的是對立，但並未排除掉仍然不爲人知的集體自主調節性機制。

⑩ 音韻學研究語音組合的形態及規律。——譯者

新的形式。至此之前，「對立」的運作（或類別中的二分法）主要侷限在意符與所指之間的關係。到了楚貝茨科伊（Troubetzkoy）[11]，一套音韻對立系統（système d'oppositions phonologiques）發展出來，其中音位（phonème）[12]根據音韻對立關係而界定，這種結構主義再加入雅各布森的差別元素系統（système des éléments différentiels）而獲得更進一步發展。接著，耶爾姆斯留（Hjelmslev）[13]開創了語符學（glossématique），並由布朗道（V. Bröndal）與多吉比（Togeby）[14]接續，暫且

---

⑪ 楚貝茨科伊（Nikolai Sergeyevich Trubetzkoy, 1890-1938），俄羅斯語言學家、歷史學家，結構語言學布拉格學派成員。——譯者

⑫ 音位又稱音素，是人類語言中能夠區別意義的最小語音單位。——譯者

⑬ 耶爾姆斯留（Louis Trolle Hjelmslev, 1899-1965），丹麥語言學家，哥本哈根語言學派奠基者之一。他創立語符學，是一種結構語言學理論，其中 glossème 指最小的語言學單位。——譯者

⑭ 布朗道（Rasmus Viggo Brøndal, 1887-1942）、多吉比（Knud Dag Nielsen Togeby, 1918-1974）均爲丹麥語言學家。——譯者

不說特里爾（J. Trier）[15]的「語意場」（champs sémantiques），其中結構成爲一種「內部相互依賴的自主實體」（entité autonome de dépendances internes），並且假如「在所有過程背後，我們應該都可以找到系統」，過程涉及的只是一個系統向另一個系統的過渡，這種過程無關形構，而只是因爲次一個系統在純然共時性互動方面取得優勢（prégnance）。耶爾姆斯留帶著些許深奧的詞彙使得他的想法並不容易被好好討論，然而值得我們留意的是，在語言與邏輯關係方面（第三節我們再進一步討論），他提出一種「次邏輯」（sublogique）假說，視之爲語言與邏輯共通的源頭。不過，他的結構主義基本上仍不脫靜態性，他所強調的是「依賴」而不是轉換。

第二節　轉換性結構主義及個體發生與種系發生之關係

儘管有很好的理由讓我們將語言結構主義與共時性概念產生關聯，不過我們還是抱持著非常大的興趣，關切從哈里斯、尤其是喬姆斯基以來語法結構領域裡所出

⑮ 特里爾（Jost Trier, 1894-1970），德國語言學家。——譯者

現的生成論方向；這種語言「生成」（génération）研究包含著對於轉換加以形式化的努力（這也是應該的），其中值得我們注意的是，這當中的轉換還具有「過濾」（filtrage）的調整能力，可以淘汰形構不佳的結構。由此看來，語言「結構」已經臻於最一般的結構層次，其整體性規律是轉換規律，而不是描述性及靜態的規律，並基於這種組合特徵而具備著自主調節性。

這種引人注目的觀點轉變有兩個原因，從結構主義比較研究的角度上來看（不只是爲了結構本身），很値得我們加以分析，因爲兩者都包含了一種我們可以視爲跨學科的態度。第一項原因涉及到關於語言創造面向的觀察，這方面早先已經由哈里斯及海立（M. Halle）⑯做過，但目前不同的是主要表現在言語（parole）方面（相對於語言），也就是說涉及到心理語言的領域（psycholinguistique）。實際上，在幾十年以來語言學對心理學均持保留態度之後，心理語言學已經重新搭起橋梁，喬姆斯基對此表達非常直接的興趣：「在當今研究的核心焦點上，我們看到可稱之爲

⑯ 海立（Morris Halle, 1923-），拉脫維亞裔美國語言學家，生成音韻學（generative phonology）先驅。——譯者

語言創造性面向的主題，在日常使用層面上……情況就像是說話主體（le sujet parlant）、這個在表達中發明其語言或是從周遭聽到的話語中重新發現語言的主體，已經在他的思想運作中同化了一套連貫一致的規則系統、一種遺傳密碼（此一說法特別值得我們注意），並由它來決定被說出或被聽到的所有句子的語意詮釋。換句話說，整個情況就像是他具備了自己語言的一套「生成語法」（grammaire génératrice）⑰一樣。」

在喬姆斯基「生成語法」轉換規律的研究中，第二個啓發他的原因看起來較爲弔詭，因爲起初他看起來是朝向一種澈底的固定論（fixisme）前去，這正與發生及轉換想法相左：語法的根扎在理性中，一種天賦的理性。喬姆斯基在這個方向上走得很遠，以至於在他最近的著作《笛卡爾語言學》（*Cartesian Linguistics*）中，在語言與「精神」關係的分析上，他甚至將阿爾諾（Arnauld）與朗斯洛（Lancelot）（《普

⑰ 喬姆斯基（N. CHOMSKY），〈論語言學理論的幾個常數〉（De quelques constantes de la théorie linguistique），Diogène 期刊，一九六五，第51期，第十四頁。

遍唯理語法》*La grammaire générale et raisonnée de Port-Royal*）[18]及笛卡爾當成他的先輩。實際上，允許建構出許許多多衍生陳述（énoncés dérivés）的轉換規則是從穩定的核心陳述（énoncés-noyaux）中得出衍生陳述的，喬姆斯基所訴諸的正是這些核心陳述，並將它們歸屬於邏輯上（就像是主詞對述詞的關係）。這並不妨礙到相對於邏輯實證論而言，這個新的立場（此外，喬姆斯基對此說「它把我們再帶回一個古老的思想傳統上，而不是在語言學及心理學領域中構成……一種根本的創新[19]。」）實在是一種方向上全然反轉：當布隆菲爾德所熱切追隨的邏輯實證主義想將數學及邏輯學回歸到語言學上，將整個精神生活回歸到言語上，語言學的最新發展則是從邏輯中推演出語法，從受理性引導的精神生活中推演出語言……。

這個方向的反轉在方法論上也表現得很清楚。在一篇有趣的文章中（在其客氣及絲毫沒有偏頗的態度下，這篇文章實際上是對邏輯實證主義及其語言學方法的嚴厲批

---

⑱《普遍唯理語法》出版於一六六〇年，法語語法著作，作者爲阿爾諾（Antoine Arnauld）與朗斯洛（Claude Lancelot），皆爲楊森教派（Jansénisme）信徒。——譯者

⑲喬姆斯基，一九六五年，第二十一頁。

判）[20]，巴克（E. Bach）[21]對喬姆斯基結構主義的認識論預設提出了深入分析。根據其看法，一九二五到一九五七年間美國語言學受人矚目的工作是以培根的方法論爲其特性的：事實的歸納累積、多少是事後才關聯起來的領域（語音、句法等）堆起層次殊異的金字塔、對假設及一言以蔽之對觀念的懷疑、以及在「記錄陳述」（énoncés protocolaires）[22]中的「基礎」研究等。相反的，喬姆斯基的方法（巴克將他置於開普勒〔Kepler〕的庇護之下，以與培根相對）則認爲不存在這樣的「基礎」，認爲科學需要假說，甚至是巴柏（K. Popper）[23]所說的假說，巴柏認爲最好的假說是那些可能性最低的假說，但在它們是可「否證的」情況下，這類假說允許排除最多的

---

⑳ 巴克（Emmon BACH），〈結構語言學與科學哲學〉（Linguistique structurelle et philosophie des sciences），Diogène 期刊，一九六五年，第51期，第一一七—一三六頁。

㉑ 巴克（Emmon Bach, 1929-2014），美國語言學家。——譯者

㉒ 屬於邏輯實證論的語言學構想，指陳述直接經驗的命題，如「綠色這裡現在」、「快樂現在」等，視爲科學語言與經驗實在的切點。——譯者

㉓ 巴柏（Karl Popper, 1902-1994），奧地利、英國科學哲學家。——譯者

結果）。所以，不是以逐步歸納的方式得出各種語言或語言本身的屬性，喬姆斯基所要問的是：什麼是語法理論必要且充分的假設（postulats），以便描述各種語言共通的結構、以便將此結構相對於各種特殊語言而區分出來。事實上，藉由混合了數學—邏輯形式化（建立在演算法、遞迴函數〔fonctions récursives〕㉔、編碼〔les codes〕、尤其是以順序和結合律爲基礎的么半群基礎結構）、一般語言學（尤其在作爲創造性成分的句法基礎上）、以及語言心理學（說話者對於其語言所具有的隱含知識），喬姆斯基提出了關於語言結構的想法。

簡而言之，我們可以將他的想法說明如下：首先，我們可以遞迴方式獲得一組A→Z形式的重寫規則（règles de réécriture）㉕，其中A是一個類別符號（如句子等），Z是由一個或數個符號所組成的符號串（新的類別符號或終結符號）。

㉔ 所謂的「遞迴」就是函數本身呼叫自己，這種函數就稱爲「遞迴函數」。——譯者

㉕ 在喬姆斯基的生成語言學中，重寫規則是將句子以其組成項目及規則來表達，如一個基本句子通常包含主詞與述詞，可重寫爲「Ph→SN＋SV」（其中Ph代表句子，SN代表名詞組，SV代表動詞組），透過這種轉換，得出一套普遍語法的公式。——譯者

將轉換操作運用在非終結符號串上，我們如此可以得到衍生陳述，生成語法就是由這整套轉換所構成的，這種語法「馬上就可以在數量無限的可能組合中建立起語意（sémantème）跟音位之間的關聯[26]。」

這個眞正結構主義的作法（因爲它得出了一套連貫一致的轉換系統，形成了複雜程度不一的「網」）不僅是一個比較上的利器，同時它也很適合應用在說話或聽話主體內化語法的個別能力上，以及作爲制度的語言上。一些心理語言學家，例如：艾文（S. Ervin）[27]與米勒（W. Miller），以及布朗（R. Brown）[28]與貝樂琪（U. Bellugi）[29]便重建了「兒童語法」，這種語法很獨特，與成人語法差別很大。這些喬姆斯基結構主義在發生方面的應用值得仔細留意。首先，因爲它們確實緩和了從惠特

---

[26] 喬姆斯基，一九六五年，第二十一頁。

[27] 艾文（Susan Moore Ervin-Tripp, 1927-），美國語言心理學家。——譯者

[28] 布朗（Roger William Brown, 1925-1997），美國社會心理學家、兒童語言研究者。——譯者

[29] 貝樂琪（Ursula Bellugi），美國認知神經科學家，研究語言的生物基礎。——譯者

尼（Dwight Whitney）[30]（在一八六七、一八七四年）、涂爾幹及索緒爾（受前兩人的影響）想要在作爲社會制度的語言（langue）與言語（parole）之間所建立起的區別，宛如言語以及與言語有關的整個個別思想只能在集體框架下受到形塑；其次，是因爲它對於個體發生（ontogenèse）所扮演角色的注意（儘管個體發生仍是置於種系發生〔phylogenèse〕[31]或是社會發展的框架之下，但個體發生總是回過頭來改變這些框架[32]）與目前出現在很不相同學科領域中的趨勢相符，例如：衛丁頓主張的生物學，假使允許我們如此對照，以及在許多不同面向上與發生認識論（épistémologie génétique）相符。

今日，個體發生與語言結構主義之間的可能關聯方式也出現在一些以往難以想

---

[30] 惠特尼（William Dwight Whitney, 1827-1894），美國語言學家、語文學家。——譯者

[31] 「個體發生」指有機體從受精卵至成熟階段的發育過程。「種系發生」則指個體所從屬的整個物種的演化過程。——譯者

[32] 如果成年人平均活三百年，而世代間的距離明顯隔開，那麼語言、甚至是「最文明的」語言還跟現在的情況一樣嗎？

像的領域裡，亦即在情感性（affectivité）與無意識象徵等方面。巴利確實很早就投入他稱爲「情感語言」（langage affectif）方面的研究，情感語言的作用是強化日常語言不斷使用的表現性：不過，巴利的「文體學」最重要的是指出在感情語言方面正常語言結構的解體。不過，我們倒是可以問問情感性有沒有自己的語言？先從裝扮（déguisement）遊戲的角度來解釋象徵後，這是佛洛伊德在布魯勒（Bleuler）㉝與榮格（Jung）㉞的影響下，最後所捍衛的假說。唯有榮格從這些象徵中看到遺傳性「原型」（archétypes），佛洛伊德則是合理的在個別個體發生中尋找其來源。看起來我們在此處所涉及的領域好像跟語言學沒有什麼直接關係，雖然它對於符號功能及一般符號學很重要。最近，拉岡（J. Lacan）竟然帶頭主張所有的心理分析都要透過語言來進行：分析者的語言，這當然沒有話說，但是分析者的話通常不多，更重要的是被分析者的語言，因爲確切來說，心理分析程序的根本便是涉及到主體將其個人的

㉝ 布魯勒（Paul Eugen Bleuler, 1857-1939），瑞士精神科醫師，主要貢獻在於精神疾病方面的認識，創造許多相關術語，如精神分裂症、自閉症等。——譯者

㉞ 榮格（Carl Gustav Jung, 1875-1961），瑞士心理學家、精神科醫師，分析心理學創立者。——譯者

無意識象徵轉譯爲（traduire）社會化的及有意識的語言。圍繞著這個新觀點，拉岡在語言結構主義及被視爲有助於找出新轉換結構的數學模型中尋找啓發，以實現其挑戰，即將無意識的非理性以及難以表達的私密象徵帶進一般用於表達可溝通內容的語言模子裡。這是一項具有相當價値的嘗試，但在這些結果可以被心理分析派別所指稱的「未入門者」（non-initiée）理出頭緒來之前，其成果尚難分析（因爲假如應該要入門這一點是顯然的，這指知道人們所講的是什麼，然而唯有在擺脫影響來源之後，眞相才可觸及）。

第三節 語言結構的社會形構說、天賦論或均衡化說明

這種發生論（génétisme）與他鮮明的笛卡兒主義立場如此有趣的混合，也致使喬姆斯基捍衛一種對當代語言學家而言頗爲罕見的觀點，此觀點將笛卡兒的「天賦觀念」與「遺傳」兩者連在一起，根據一些生物學家的意見，這當中也許有待關於幾乎整個心智生活的說明：「假如自然語言的語法的確不只是複雜與抽象，而且同時在種類上又非常有限（在最抽象的層面上更是如此），那麼我們就應該質

疑把語法視爲文化產物的看法，在這個字眼可接受的意義上，人們一般皆如此認爲。相較於從資料、序列、串連及新的聯想……等方式逐步的取得，語法更有可能的方式是從天賦固定框架（schéma fixe inné）（我們強調此處）中簡單分化（différenciation）而來的。一般而言，根據我們目前對於語言結構的有限認識，我們寧可認爲理性主義的假說最可能是有效的，其大方向基本上是正確的。」（前引文，第二十—二十一頁）

我們在此碰到的是一種潛在於絕大多數的作者身上的假說，他們的結構主義傾向促使他們反對任何的發生心理論或歷史主義，但他們同時又不願意去倡議具有超驗本質的結構。喬姆斯基同時兼具實驗性格與形式性格，因此他在此處的立場也更具有細微差別的（nuancée），因爲特定的語法根據在發展過程中起作用的轉換程序而展開分化：固有的部分是核心（le noyau）或「不變的框架」、以及一般轉換形式結構（la structure formelle générale des transformations）；它們的變化就屬於喬姆斯基與哈里斯一同強調的語言中「創造作用」的面向。不過，我們在此處面對的是與「天賦固定框架」有關的一個根本問題，應當分幾個不同面向來看。

首先是生物方面的問題。一個特性即便被視爲遺傳性的，它是如何形構的問題仍然有待回答。要理解位於大腦皮層的語言中心是如何在人類形成過程（hominisation）中出現，這是一個相當令人頭疼的問題，突變與自然選擇是對此最糟的回答，特別是當中牽涉到一種基本上誕生於個體間溝通的活動。但是，假如與語言有關的基因負責傳遞的不單只是一種從外界獲得的組織性語言（langage articulé）能力，而是傳遞一種語言由之而來的固定形構作用框架（schéma formateur fixe），那麼當中所涉及的問題確實變得複雜多了。假如這個形構核心再進一步具備著「理性」，因此我們還需要也承認理性的遺傳，那麼我們只有兩種合理的答案（我們對此非常堅持，因爲只是簡單的說到突變與選擇而沒有什麼資料佐證，這就如貝塔朗菲所說的，與訴諸「西藏祈禱輪」沒什麼兩樣）：或者是永恆的先構（但是黑猩猩或蜜蜂已經如此具有感應性〔sympathique〕，爲何直到人身人，理性才表現出來呢？）；或者是與環境之間的互動，其中自然選擇是作用在基因組對外部刺激「回應」所產生的表型反應（réactions phénotypiques）㉟上。

㉟ 參見本書六十七頁譯註㉕。——譯者

只有當我們進入個體發生領域，其中關於取得（acquisitions）與轉換的細節可以驗證，我們才直接碰觸到事實，這些事實一方面與喬姆斯基所設想的有某些關聯，一方面在涉及遺傳起點的重要性或廣度上又與之不同（參見第四章第二、三節）。其理由毫無疑問的只是因爲喬姆斯基在此處僅看到二擇一的情況，即或者涉及一種帶著必然性的天賦固定框架，或者涉及外在性的後天取得，尤其是文化性的，但是這類取得是變異的，並且無法說明此處所談的框架何以具備有限及必然的性質，實際上，我們認爲存在著三種選擇方案，並非只有兩種：除了遺傳說或外在取得說之外，還有內在均衡化或自主調節等過程，這些過程可以發展出如同遺傳般的必然結果，從某些角度來看，其必然性甚至更高，因爲遺傳在其不同內容上的變異程度多過於表現出所有行爲之自主調節性的一般組織規律（lois générales d’organisation）。尤其是遺傳只作用於若干內容上，這內容或可傳遞或不傳遞，然而自主調整則是施加了一種與建構相合的方向，建構也正是因爲有所導向才成爲必然的。

在語言結構這方面，有兩個方面支持上述這種主張，看來既無須仰賴天賦固定的假說，同時又可以保存喬姆斯基的整套說明系統：其一是轉換語法（grammaires transformationnelles）在控制論方面獲得實現的機會，另一是針對新生兒在發育第二年期間取得語言成爲可能的先決條件所進行的心理發生分析。

就第一點而言，我們當要提到莫斯科科學院邵姆楊（S. Šaumjan）所做的研究，他以提供自動綜合演算法（algorithmes de la synthèse automatique）[36]的 relateurs 爲基礎，努力將轉換置入「轉換場」（champ de transformations）中[37]。人們非常期待這樣的分析能夠找出系統的必要與充分條件，或者是反過來指出它的限制。即便只是這樣的限制，這對於我們所探究的問題仍是有參考價值的，因爲正如同巴爾—希萊爾（Bar-Hillel）[38]所認爲的[39]，假如語法形式系統並不包含完整的解決程序的話，形

㊱ Diogène 期刊，一九六五年，第五十一卷，第一五一頁。

㊲ 邵姆楊此方面的研究請參見 Wlodarczyk Hélène,〈邵姆楊的應用生成語法〉（La grammaire générative applicative de S. K. Šaumjan），《語言》（*Langages*）第33號（http://www.persee.fr/doc/lgge_0458-726x_1974_num_8_33_2250）——譯者

㊳ 巴爾—希萊爾（Yehoshua Bar-Hillel, 1915-1975），以色列哲學家、數學家、語言學家，以機器翻譯及形式語言方面的先驅工作著稱。——譯者

㊴〈自然語言中的決策程序〉（Decision procedure in natural language），《邏輯與分析》（*Logique et

式化界限（參見第二章第四節）在邏輯方面所導致的結果在此處及其他地方也將使得相繼層面的建構（construction par paliers successifs）成爲必然，並排除了一個事先包含一切的起點（point de départ contenant tout d'avance）這種想法㊵。

另外，從經驗資料的角度來看，而不是從形式化或從轉換資訊的控制論機器的觀點來看，語言遲至一至二歲間才出現的事實，看起來的確是支持了這樣的建構主義觀點：事實上，爲何就是發育的這個點上，而不是更早呢？相對於從制約的角度如此容易的說明（如果這是眞的，那麼語言應該從第二個月開始就出現了），語言預設了感覺—動作智力形構，這就支持了喬姆斯基關於一種必然與理性相關的基質（substrat）的想法。但是這種智力絕非從一開始就預成了，我們可以逐步追蹤它如何從同化圖式漸進的協調過程中發展出來。這促使辛克萊（H. Sinclair）㊶在感覺—動作圖式協調

analyse），一九五九年。

㊵ 此處也就是說，由於形式化界限，語言結構也面臨著跟邏輯結構一樣的頂端、底端都開放的問題。參見第二章第三節。——譯者

㊶ 辛克萊（Hermina Sinclair De Zwaart），以發展心理語言學爲主要研究領域。相關介紹請參見 http://

所包含的重複、排序與聯想關聯（就邏輯上的意義而言）的過程中尋找喬姆斯基「么半群」的來源㊷（關於這方面我們稍後將再討論）。如果這個假說可以成立，我們就可以找到關於基本的語言結構的可能說明，而不去援引過於沉重的「天賦」論。

第四節　語言結構與邏輯結構

現在可以回到我們一開始所問的問題，這個問題仍是結構主義或認識論上爭論最多的問題之一。對此，任何認眞的回答都應伴隨著必要的謹愼。即使像邵姆楊這樣的一位蘇聯語言學家，身處在一個幾年前還奉持著巴普洛夫（Pavlov）觀念將語言視爲「第二套符號系統」（deuxième système de signalisation）並認爲解決了所有問題的重鎭，他都認爲語言與思想的關係是「當今最深沉並最困難的哲學問題之一」。我們不打算在此處僅以區區幾行的篇幅就來討論一個如此廣泛的問題，只是想從結構主

---

www.piaget.org/GE/2000/GE-28-2.html。——譯者

㊷ 參見第十三頁及註⑩。——譯者

義的觀點出發，根據語言結構研究方面最新的進展，單純看看這個問題的現況。

就此，我們可以從兩個重要的事實入手。第一個是從索緒爾及其他好幾位學者以降，我們清楚明白語言符號（signes verbaux）只涉及符號功能（fonction sémiotique）的其中一個面向，而語言學也只是索緒爾在其所表達的心願中呼籲建立的「一般符號學」（sémiologie générale）之下的一個儘管非常重要卻有限的部門。除了語言之外，象徵或符號功能還包含了表象形式的模仿，例如，出現在感覺—動作階段的延遲模仿（imitation différée），無疑確立了感覺—動作階段與表象階段的關聯、姿態的模仿、象徵遊戲及心智意象（l'image mentale）等[43]。人們太常忘記表象能力與思想的發展（更遑論眞正的邏輯結構）關聯於這整個符號功能，而不僅僅是語言而已。例如，無涉腦部損傷的年輕聾啞患者也可以具備象徵遊戲（或虛構遊戲）的能力，這是一種透過姿態表達的語言（相對於腦部損傷的聾啞患者不具備符號功

㊸ 相關討論請參見皮亞傑，《兒童心理學》，第三章，吳福元譯，唐山出版社，民國七十六年。——譯者

能）。如同歐雷洪（P. Oléron）[44]、佛斯（H. Furth）[45]、文生（M. Vincent）與阿佛特（F. Affolter）[46]等人所做的，如果我們去研究他們的具體邏輯操作（序列、分類、恆常等），我們會看到這些邏輯結構發展出來，儘管有時會出現一點延後的情況，但相較於阿特薇爾（Y. Hatwell）[47]所研究的年輕天生盲者的情況則好多了。這些天生盲者儘管語言能力是正常的，但卻相當晚才彌補感覺—運動圖式調適的不足，然而在聾啞者身上，語言能力的缺乏並沒有排除了操作性結構的發展，至於他們在這方面的發展相較於一般人延遲了一至二年，則可從社會性刺激的不足來加以說明。

第二個該指出來的事實是智力的發展早於語言，這不只是從個體發生的角度上來說的（如同我們在第三節中所見，亦如同前述聾啞患者的案例所肯定的），在種系

㊹ 歐雷洪（Pierre Oléron, 1915-1995），法國心理學家，主要貢獻在智力研究上。——譯者

㊺ 佛斯（Hans Gerhard Fürth, 1920-1999）一九六五年的有趣著作《無語言思想》（*Thought without Language*），因爲所用技術的巧妙和豐富的證明，在這方面特別具有啓發性。

㊻ 阿佛特（Félicie Affolter, 1926-），瑞士心理學家、心理治療師、言語治療師和聽障教師。——譯者

㊼ 阿特薇爾（Yvette Hatwell, 1929-），法國心理學家，研究感官及智力發展。——譯者

發生的角度上也是如此（如同許多關於高等猿猴智力研究所證明的）。感覺—動作智力當中已經包含了一些攸關行動一般協調的結構，包括：秩序、圖式間的嵌合、對應等，因此這些結構是不能歸到語言之上的。

很清楚的是，假如語言從已經局部結構化的智力發展而來，語言一旦發展則反過來對智力產生結構化作用，我們還不能說解決了的根本問題就是從此處開始的。轉換分析（analyse transformationnelle）使我們可以在語言心理學中研究句法的學習，例如，布萊恩（M. D. S. Braine）所做的研究；操作分析（analyse opératoire）讓我們可以針對邏輯結構方面的學習進行實驗，例如，茵海德（Inhelder）[48]、辛克萊與波維（Bovet）[49]等人的研究。透過上述這兩種方法，我們已經可以在某些方向上對這兩種結構之間的相關性進行分析，甚至看到兩者間在何處有互動關係，以及那些語言或邏輯結構可能導致其他結構之建構。

---

[48] 茵海德（Bärbel Elisabeth Inhelder, 1913-1997），瑞士心理學家，與皮亞傑合作，進行兒童發展方面研究，《兒童心理學》的共同作者。——譯者

[49] 波維（Pierre Bovet, 1878-1965），瑞士心理學家、教育家。——譯者

辛克萊在其著作中彙集了更新並且更爲精確的實驗結果[50]，從中我們可得知後續的研究發展。例如，一項實驗由兩組兒童參與，分組的操作水平標準是根據受試者是否能夠從不同形狀的水瓶中推導出液體量的守恆。第一組完全是前操作期的（**préopératoire**）[51]一組，由否認守恆的受試者組成；第二組的受試者則馬上就能夠認定液體量的守恆，並透過可逆性及補償等方式來說明其道理。此外，這個實驗也分析受試者的語言能力，但不再參照受試者在守恆實驗上的表現，而是根據受試者對於成對物件的描述能力或是兩個集合的比較描述能力等方面來進行：一枝大的鉛筆與一枝小的鉛筆，一枝長而細與一枝短而粗，一個由四至五顆彈珠所組成的集合，一個由兩顆彈珠組成的集合等。接下來，使受試者根據下述指令進行操作：「給我一枝最小的鉛筆」或「給我一枝最小又最細的鉛筆」等。我們看到這兩組受試者的語言能力有

---

[50] 辛克萊（H. Sinclair De Zwaart），《語言取得與思想發展》（*Acquisition du langage et développement de la pensée*），Dunod 出版，一九六七年。——譯者

[51] 兒童智力發展的前操作階段介於感覺—動作階段與具體操作階段，約從兩歲至七、八歲。參見杜聲鋒，《皮亞傑及其思想》，第二十八頁，遠流出版社，一九八八年。——譯者

著系統性差異。第一組除了「純量」（scalaires）概念（語言學的意義）之外很少用別的方式敘述：「這枝大，這枝小」或「這裡有很多」以及「這裡不多」等。相反的，第二組的受試者尤其運用一些「向量」（vecteurs）[52]概念：「這一枝比另一枝大」，「這裡數量比較多」等。此外，在同時涉及兩項差異的情況下，第一組受試者首先忽略一項差異，或是透過四個核心句表達：「這一枝大（第一枝），這一枝小；這一枝細（第一枝），這一枝粗」。相對的，第二組受試者則表現出兩兩成對的關聯方式（liaisons binaires），例如：「這一枝比較長且比較細，另一枝比較短且比較粗」等。因此，在操作水準與語言水準間存在著明確的相關性。我們立即就可看出第二組受試者的語言結構化（structuration verbale）程度在什麼情況下可以有助於他們的推理。第一組受試者理解高級的表達方式，透過命令執行（l'exécution des ordres）的測試可以清楚的予以證明。辛克萊於是讓第一組受試者接受語言訓練，雖然有困難，不過是有可能的：然而再次針對他們的守恆概念進行實驗，卻發現進步極有限，

---

[52] 純量與向量的基本差異就在於其數量有無方向性，純量無方向性、向量有。——譯者

十人中大約僅有一人進步。

這類實驗理當持續進行。根據我們目前所知，如果在具體操作（opérations concrètes）的水準上（參見第四章第二節），情況看起來應該是操作結構發展在先，並引發語言結構發展，隨後操作結構則反過來依賴語言結構維持。那麼，在命題操作（opérations propositionnelles）的水準上，類似的研究也猶待展開。其中，主體的語言能力在特性上發生改變，同時他們的推理能力也發展成假說－演繹性式的（hypothético-déductif）。假如我們今日大致可以確定語言並不是邏輯的來源，假如喬姆斯基將語言放在邏輯的基礎上的做法是對的，這兩者間的相互作用關係仍有待研究，有關的實驗方法及相關的形式化工作則方興未艾，也唯有如此的方式，才能不侷限於觀念上討論而給予這個議題更多內容。

第六章 社會研究中的結構運用

第一節　總括的結構主義或方法的結構主義

(一)

假如結構作爲整體性是一種包含規律的轉換系統、而規律確保其自主調節性的話，在我們看來，儘管社會研究涉及如此不同的形式，所有這些形式也都導向結構主義，因爲社會集合或子集合從一開始就以一種整體性的姿態而凌駕於一切之上，也因爲這些整體性都是動態的，因此是轉換之所在（sièges de transformations），而且因爲它們的自主調節性表現在由群體所加諸的各種限制、規範或規則這樣的社會事實上。但是，這種總括的結構主義（structuralisme global）與一個方法的（méthodique）眞正的結構主義之間至少存在著兩項差異。

第一項差異涉及從突現到組成規律的不同。例如，對涂爾幹而言，整體性還停留在突現式的理解上，因爲整體就是從成員的聯合中突然產生的，因此構成了一個優先的、說明性的概念；相對的，涂爾幹最密切的合作夥伴馬賽爾．牟斯（Marcel

Mauss）①被克勞德·李維史陀（Claude Lévi-Strauss）②認爲是人類學結構主義的創始人，因爲他尋找並發現了轉換互動（interactions transformatrices）的細節，尤其是在他關於贈與的研究當中。

第二項差異來自第一項，就是總括的結構主義停留在可觀察的關係或互動的系統，這系統被認爲本身是自足的；然而，方法的結構主義（structuralisme méthodique）的特點則在於，它從某種程度上可進行演繹詮釋的結構中尋求關於系統的說明，其中涉及透過邏輯—數學模型進行重構：在此情況下，很根本的一點是，這種結構不屬於可見「事實」的領域，尤其對群體成員而言，結構是「無意識的」（李維史陀在此方面常常予以堅持）。在其與物理結構主義及心理結構主義的關係中，有兩項非常具有啓發性的補充可以在此提出：如同物理上的因果關係，社會結構也應該透過演繹的方式被重構，無法在經驗上被觀察到，這表示它與可觀察關係之間的關

① 牟斯（Marcel Mauss, 1872-1950），法國人類學家、社會學家，法國人類學奠基者。——譯者

② 李維史陀（Claude Lévi-Strauss, 1908-2009），法國人類學家、民族學家，法國結構主義主要人物之一。——譯者

係，就如同物理上因果關係與法則間的關係。另一方面，如同在心理層面，結構不屬於意識領域，而是屬於行爲領域，個體只在失調（désadaptations）的情況下，才會不完整的意識到，因而只具有限的認識。

我們可以從社會學以及社會心理學開始，這兩個科目間的界線愈來愈模糊，因爲這些界線涉及專業自主的欲求，而勝於事情本身的性質。我們可以在庫爾特·勒溫身上看到有關方法的結構主義的發展前景、某種程度的實現及展現出跨學科必然性的一個典型例子。作爲柯勒在柏林的學生，勒溫很早就開始將格式塔結構運用在社會關係的研究上，他也將「場」的概念在這個方向上予以延伸：當在格式塔主義者眼裡，知覺場與整個認知場只是同時受到領會的（appréhendé）元素的集合（完整的流程包含主體的神經系統，不過正如我們在第四章第一節中所見，這當中少有內源性的〔endogènes〕活動），而爲了進行人際感情及社會關係分析，勒溫提出「總場」（champ total）的概念，將主體及其傾向與需求都涵蓋在內。但主體的傾向及需求不僅僅只是內在性的，並且根據場的配置（configuration），尤其是根據對象的「相近性」（proximité），這個對象導致若干吸引（sollicitations/Aufforderungscharakter），見證了在場元素的整體相互作用。在這之後，勒溫參考了拓樸學，運用鄰近與分隔、邊界〔其中包括心理圍籬〔barrières psychiques〕，或各種的抑制與禁止〕還有包圍（enveloppements）、交叉等概念來分析總場；但可惜的是，拓樸學的數學性質有限，其中找不到可應用的已知定理，在「總場」中情況也是如此。不過，藉著核心組成直觀（intuitions centrales de composition），拓樸學仍然具有純粹的定性空間分析意義。在後續的發展中，勒溫再引入了向量概念，其具有雙重優點，包括透過圖論③描述整體性，以及達到網的結構。

勒溫與其學生，包括：里皮特（Lippitt）、懷特（White）以及柏林學派之後的鄧博（Dembo）、賀伯（Hoppe）以及尤其是柴嘉妮（Zeigarnik），透過這些純粹的結構主義方法建立了一種社會與情感心理學，並在美國獲得很大的發展，也是當今許多的「團體動力」（dynamique des groupes）研究主要的源頭之一（一個以此爲主題的研究機構設於安娜堡〔Ann Arbor〕，並持續運作中，卡爾萊特〔Carwright〕在此研究）。這類研究以各種形式盛行一時，在今日提供了一個全然以經驗爲基礎

---

③ 圖論（théorie des graphes）是數學的分支，以圖爲對象，研究頂點和邊組成的圖形的數學理論和方法。勒溫將圖論用於社會心理學分析中，如將人以頂點表示，邊代表人際關係。——譯者

來進行分析的良好案例。不過，在涉及到因果說明上，它們便仰賴建構一些結構模型，甚至還有小群體數學模型這方面的專家（這是指社會小群體，而非第二章第一節所談的群），例如：在美國有鄧肯·魯斯（R. D. Luce）④，在法國有費拉蒙（Cl. Flament）。

至於微觀社會學與社會測量理論（sociométrie）在此可談的不多，或者它們仍停留在非常概略的程度，因爲它們至多僅達到對於可觀察關係定性處理，即便這些關係繫複到一種「辯證」多元論（pluralisme dialectique）的程度，它們仍與結構無關；又或者它們依據一般常用的統計程序，將關係轉爲數量來處理，但這也稱不上結構。

(二)

另一方面，宏觀社會學自然會提出重要的結構問題。我們將等到第七章再來回顧

---

④ 魯斯（Robert Duncan Luce, 1925-2012），美國數學家、社會科學家，數學心理學方面重要人物。——譯者

阿圖塞（Althusser）⑤以結構主義來表達馬克思主義的方式，因爲這是整個辯證法所關心的一個問題。在這裡，我們必須提到的是帕森斯（T. Parsons）⑥的作品，透過其「結構－功能」方法，他重新提出了結構與功能的問題（已經在第四章第三節中討論過）。英語世界相當普遍的傾向是除了可觀察的關係及互動之外他們不談結構。帕森斯某部分超脫了這個經驗主義的框架，因此值得我們一提。他將結構界定爲組成社會系統的元素間的一個穩定配置（disposition），儘管有外來動盪持續作用著。循此方向，他提出了一套均衡理論，並找了一位合作夥伴負責將之形式化。至於功能則被理解爲在結構對外部環境的適應中發揮作用。

因此，在整個「系統」中，結構和功能是不可分的，這個系統可以說是透過調整來確保其守恆，帕森斯主要的問題是去探究個體如何整合共同價值。正是從這個角度出發，他提出了一個「社會行動」理論，分析個體在遵循集體價值與否的情況下，他所面臨的不同類型選擇。

---

⑤ 阿圖塞（Louis Pierre Althusser, 1918-1990），法國哲學家，結構主義馬克思主義者。——譯者

⑥ 帕森斯（Talcott Parsons, 1902-1979），美國社會學家，結構功能論的代表人物。——譯者

雷維（M. J. Lévy）⑦延續著帕森斯的研究，將結構簡化爲可觀察的一致性（uniformités observables），將功能簡化爲結構在時間中的展現（manifestations）。不過，這些共時性與歷時性間的關係在我們看來差別不大，無論其所涉及的是規範、價值（規範性的或自發的）、廣義的象徵或符號（參見第五章第一節）。不過話說回來，帕森斯把功能與價值關聯起來的方式無疑是相當深刻的，在一個社會的脈絡中，本身是如此無意識的結構遲早會表現爲規範或規則，它們多多少少以穩定的方式加諸個體身上。但是，假如我們相信結構的持久性（我們將在第二節討論），那麼這些規則可以具有一種功能運作上的彈性（fonctionnement variable），這透過價值的改變表現出來：如此的價值沒有「結構」，除非其中某些價值形式有著規範（normes）支撐，例如道德價值（valeurs morales）。價值因此看起來是功能面向的指標，而價值與規範的二元性和相互依存性看來證明了結構和功能之間既有別又必然的關聯。

---

⑦ 雷維（Marion Joseph Levy Jr., 1918-2002），美國社會學家，現代化理論爲主要研究領域。——譯者

(三) 正是這種功能和結構的問題主導了經濟結構的問題。當貝胡(F. Perroux)⑧用「描繪出一個坐落在時空中經濟整體之特點的比例與關係」來界定結構時，這個概念的侷限性表露出跟我們迄今爲止所討論的結構之不同，但原因不只是因爲它似乎自限於可觀察的關係上。廷貝亨(J. Tinbergen)⑨則認爲，經濟結構是「對經濟如何針對某些變化作出反應的不可觀察特徵之考量」；在計量經濟學中，這些特徵是透過常數(coefficient)來表示的，這些常數的全體提供了雙重的訊息：一方面它提供了一個經濟建築體的圖像，另一方面它決定了對某些變化的反應途徑。經濟結構包含著功能的作用，再也沒有較此更好的說法了，因爲它具有「反應」的能力：因此經濟結構與功能是分不開的。

至於這種結構的性質，人們首先是聚焦在均衡分析上，不過當經濟週期動態成爲

---

⑧ 貝胡(François Perroux, 1903-1987)，法國經濟學家。——譯者

⑨ 廷貝亨(Jan Tinbergen, 1903-1994)，荷蘭經濟學家，研究經濟過程的動態模型，計量經濟學奠立者之一。——譯者

主要問題的時候，此時就轉而以功能運作（fonctionnement）爲重，而讓結構概念更具彈性：對於馬歇爾（Marshall）[10]來說，解決之道就像是在物理上的做法一樣，在於將均衡結構擴大爲「均衡位移」的結構；而凱因斯（Keynes）則尋求在經濟主體當下進行預測及計算的形式下將期間（durée）概念整合進來。但在這兩種情況中（還有其他的），就如同鞏杰（G.-G. Granger）[11]所說的，均衡的結構概念變成一種藉以說明經濟週期的「操作者」。

此外，經濟結構的特性不僅是在於功能運作至上，它包括（而且無疑的也正是因爲功能運作的緣故）基本上屬於或然性的面向，於是結構自主調節性所涉及的不是嚴格的操作，而是透過類似回饋的、具有趨近屬性的反溯及預期來進行。這種引人注意的結構化類型無論是在經濟主體的個別決策中（博弈論）、還是在計量經濟學所分析的大型經濟體中都可以觀察到。鞏杰因此認爲博弈論代表著心理因素的消除。不過，

---

⑩ 馬歇爾（Alfred Marshall, 1842-1924），英國新古典學派經濟學家。——譯者

⑪ 鞏杰（Gilles Gaston Granger, 1920-2016），法國哲學家、比較認識論學者。——譯者

除非我們是從帕雷托或博姆—巴維克（Böhm-Bawerk）⑫這種較狹隘的方式來理解心理學，他這麼說才算有道理。但是，當我們想起這些決策機制在行爲上（而不是在意識上）所扮演的角色的時候，而且這不只是在情感性領域裡（如同賈內所指出的，情感性領域體現了整個行爲的內部管理〔économie interne de la conduite〕），而是在知覺與認知發展的領域裡的時候⑬，這將促使我們相反的在博弈論中看到，在經濟結構和主體的情感及認知調整之間，一種比先前所見更爲緊密的連結。至於經濟計量學在總體經濟層面所提出的大型回饋系統則已廣爲人知，沒有必要再次強調。

(四)

相對於自發性價值（valeurs spontanées），立基於規範之上的社會結構反而表現出一種值得注意的操作性（就邏輯上的意義而言）。大家都知道凱爾森

---

⑫ 博姆—巴維克（Eugen Böhm Ritter von Bawerk, 1851-1914），奧地利經濟學家。——譯者

⑬ 博弈論成功的應用在這些領域中。

（H. Kelsen）[14]如何把法律結構描述成一座規範金字塔，並透過他稱爲「歸咎」（imputation）的一套規範間的一般牽連關係（relation générale d'implication）來鞏固：「基本規範」（norme fondamentale）位在金字塔頂端，奠立了整體的合法性，尤其是憲法的合法性；法律的有效性由憲法而來，而政府的行爲或是法院的權力又以法律爲基礎；「法令」（arrêtés）的合法性又從此而來，依此類推，一直到各式各樣的「個別化規範」（normes individualisées），例如：刑事判決、個別任命、證照等。但是，假如這個優美的結構可以輕易的套入一個代數網的形式中——即每個規範同時是上一層規範的「應用」（根本規範除外，因爲其上沒有更高的規範），並創造下一層的規範（個別化規範除外，因爲其下不再產生規範），那麼它的本質是什麼？社會學家當然會說是社會性的。但是凱爾森回答說，規範是不可歸入事實的。凱爾森自己的看法是規範的本質就是規範本身，但是「基本規範」所依附的是什麼呢？假如它不是來自「承認」它的行爲，透過這樣的舉動，法律的主體賦予它效力

[14] 凱爾森（Hans Kelsen, 1881-1973），奧地利法學家、法哲學家、政治哲學家。——譯者

嗎？「自然」法的支持者認爲結構關聯於「人類本性」：對於那些相信人性的持久性（pérennité）的人而言，這個答案是很明顯的，但是對於透過結構的形構來了解它的人而言，這只是循環論證。

第二節　李維史陀的結構人類學

社會與文化人類學主要關注的是初級社會（sociétés élémentaires）；在其中，社會心理過程脫離不了語言、經濟及司法結構，所以我們特別提出這一門綜合性的學科加以討論，以補充前面較爲簡短的說明。此外，由於李維史陀體現出關於人類本性持久性（la pérennité de la nature humaine）的這種信念，他的結構人類學便具有一種範例性，構成一種最引人矚目的非功能、非發生、非歷史而且具有演繹性的模型，並用在一種經驗性的人文科學上：正是如此，在本書中他的作品特別值得我們加以考察。事實上，如果說這個視結構爲人類社會生活基本事實（fait premier）的學說與我們在第四章第二、三節中所說的智力的建構論結構主義（structuralisme constructiviste）之間沒有任何關係，在我們看來是不可想像的。

為了把握李維史陀方法上的新意，很值得我們去看看他是如何將之應用在圖騰制度這個準實體（**pseudo-entité**）上面，圖騰制度曾經作為許多民族誌社會學的核心概念⑮。從一段涂爾幹論所有原始宗教內在的邏輯機制的內涵深刻的段落中，李維史陀得出結論說「一種智性活動，其性質因此不能是社會具體的組織的反映」（前引書第一三八頁）；據此反對「社會先於理智」（第一三九頁），而這是李維史陀結構主義的第一原理，即要在「具體的」關係後，尋找潛在的「無意識的」結構，這個結構只能透過抽象模型的演繹性建構來觸及，從中得出一個堅定的共時性觀點，不過實際上與語言學的觀點有一點不同。一方面，李維史陀受到我們對信仰及習俗之源頭難以彌補的無知所推促（第一〇一頁）；但是，另一方面，這種共時性系統的變化比語言系統的變化要少，「風俗習慣有如外在規範般的施予我們，早在產生內在感受之前，這些察覺不到的規範決定了個體的感受，以及它們能夠及應該表現出來的情況」（第一〇一頁）：這些規範立足的是永久性的「結構」，因此這種同時性

⑮ 李維史陀，《今日圖騰制度》（*Le totémisme aujourd'hui*），第二版，一九六五年。

（synchronisme）在某種意義上是不變的歷時性（diachronisme）的表現。當然，這不是說李維史陀有意去除歷史，只不過是歷史所導入的變化，所涉及的仍然是「結構」，這次是歷時性的結構⑯，但對人類智性沒有絲毫影響。對人類智性而言，歷史僅僅「對於任何結構（無論是人的或與人無關的）所有要素的編目（inventorier）方面是不可或缺的。因此，歷史遠非作爲尋找智力最後所抵達的終點，而是歷史作爲整個智力探索的起點……歷史走向一切，但以從中抽離爲條件。」（《野性的思維》〔*La pensée sauvage*〕，第三四七—三四八頁）。

這樣的立場自然是反功能主義的，至少是相對於一些觀點而言，例如：馬林諾夫斯基（Malinowski）⑰那種「相對於眞正的民族學的，更爲生物學的、心理學

⑯「在理論上及事實上，存在著歷時結構和共時結構。」，參見巴斯迪（Roger Bastide），《人文及社會科學中「結構」的意義與用法》（*Sens et usages du terme structure dans les sciences humaines et sociales*），第四十二頁，一九六二年。

⑰馬林諾夫斯基（Bronis aw Kasper Malinowski, 1884-1942），波蘭—英國人類學家，人類學功能主義代表人物。——譯者

的觀點」，也就是說「自然主義的、功利的與情感的」觀點（《圖騰主義》，第八十二頁）。無可否認，囿於弗洛伊德主義啓發之下的某些盛行的「說明」方式，人們可以明白爲什麼李維史陀有時似乎給予生物學和心理學的說明力量這樣的限制。實際上，我們應該讚賞他關於情感性說明方面的果斷看法（「人類最晦澀的一面」，第九十九頁），這種說明忘記了「抗拒說明的、因此也不適合用於說明」（第一〇〇頁）。同樣的，我們也樂於看到李維史陀擺脫了不幸仍存在於某些領域裡的聯想主義：是「對立和相關、排斥和包含、相容和不相容的邏輯說明了聯想規律（lois de l'association），而不是相反；革新的聯想主義應該立基於一種與布爾代數類似的操作系統上」（第一三〇頁）。但是，如果我們能夠這樣看到「一連串的邏輯串聯（enchaînements logiques）將心智關係聯合起來」（第一一六頁），並且如果在所有領域裡決定性的一步是將「內容重新整合到形式中」（第一二三頁），這個問題遲早都要去調和社會學或人類學的結構主義與任何層面（從內部穩定性到操作）都涉及功能面向的生物學和心理結構主義。

至於李維史陀所運用的結構，除了他從語言學中所參考的音韻結構以及甚至是索緒爾的一般結構之外，我們知道他也在數學家威爾（A. Weil）[18]和基爾伯（G.-Th. Guilbaud）[19]的協助之下，在各種親屬關係組織中發現了網和轉換群的代數結構。這些結構不只是適用於親屬關係：它們可以從一個分類到另一個分類、從一個神話到另一個神話，簡言之，在被研究的文明中的所有認知「行爲」和產品中發現。

兩個基本的文本將有助於我們理解李維史陀在人類學研究中所賦予結構的意義：「假如，如我們所認爲的，精神的無意識活動涉及到將形式加到內容上，假如這些形式對所有人而言基本上都是相同的，古代與現代的、原始與文明的——如同象徵功能的研究（就像它在語言中所展現的）以如此明白的方式指出來的——應當且只要找到潛藏在每種制度、每種風俗習慣之下的無意識結構，而且當然要分析得夠遠，以獲得有關其他制度與風俗習慣的有效說明

---

[18] 威爾（André Weil, 1906-1998），法國數學家，布爾巴基學派成員，以數論及幾何代數爲主要研究領域。——譯者

[19] 基爾伯（Georges-Théodule Guilbaud, 1912-2008），法國數學家，投入數學方法在經濟學及人文科學中的運用。——譯者

原理。」（《結構人類學》〔*Anthropologie structurale*〕，第二十八頁）。但是這種不變的人類精神（esprit humain invariant）或「精神的無意識活動」（activité inconsciente de l'esprit）在李維史陀的思想中占有一個明確的位置，既不是喬姆斯基的天賦論，更不是「生活經驗」（vécu）（其涉及到「放棄」、「甚至讓它隨後再整合在客觀綜合中」（《憂鬱的熱帶》〔*Tristes tropiques*〕，第五十頁）⑳，而是插在下層建築與上層建築之間的圖式系統（système de schèmes）：「馬克思主義——如果不是馬克思本人的話——太常如此推理，好像實際行爲（pratiques）直接來自實踐本身（la praxis）㉑。在不質疑下層建築無可爭辯的優先性的情況

---

⑳ 此處是李維史陀針對現象學提出其保留意見。他認爲現象學企圖假設生活經驗（le vécu）與眞實（le réel）之間存在著連續性，對此他予以否定，他說「爲了觸及眞實，首先應該放棄生活經驗，甚至隨後讓它重新整合在不帶任何感性的客觀綜合中。」（參見：《憂鬱的熱帶》，第六十一頁，Plon出版，一九五五年）——譯者

㉑ 在本段引文前的段落中，李維史陀說到「假如我們肯定概念圖式決定及界定實際行爲（pratiques），這些實際行爲……不該與實踐相混淆，實踐……對人類科學而言就是基本的整體性（la totalité fondamentale）。」（出處同）——譯者

下，我們認爲在實際行爲和實踐之間始終加上了一個中介者，它是概念圖式（le schème conceptuel），透過其操作，不具有自身獨立存在的材料與形式成爲結構，也就是說成爲兼具經驗性及理性的存在。我們希望能有所貢獻的地方，就是這個由馬克思初步勾勒出來的上層結構理論，而確切的說是下層建築的研究工作則留給歷史——再加上人口學、科技、歷史地理學與民族誌——來處理，這基本上不能是我們的工作，因爲民族學研究首先是一種心理學。」（《野性的思維》，第一七三—一七四頁）

一旦承認了結構的存在（這方面，芮克里夫—布朗〔Radcliffe-Brown〕是英國民族誌學家中看法最相近的，儘管如此，結構不可與可觀察互動系統混爲一談），李維史陀的宏大學說所引發的主要問題是去理解這種「存在」所指涉的是什麼。這一點也不是相對於一位理論家依其所需來安排其模型而言的形式性存在，因爲結構存在他「之外」（en dehors），並構成了所經驗到的關係的來源，若不是如此保持著與事實間緊密的吻合（accord étroit avec les faits），那麼結構將喪失所有的眞理（vérité）價值。這也不是超驗的「本質」，因爲李維史陀不是現象學家，不信「我」（moi）或「生活經驗」的初始涵義（signification première）這一套。反覆出現的說法是結構來自於「理智」或來自於始終保持不變的人類精神，因此結構優先於社會（相反於受他責難的涂爾幹所主張的「社會先於理智」），結構先於心智（基於此，「邏輯串聯將心智關係聯合起來」），以及結構特別是先於有機體（它合理的被視爲可以說明情感性，但它並不是「結構」的來源）。但如此問題只是更爲尖銳：如果不是社會的、心智的或有機的，那麼理智或精神的「存在」模式（mode d'existence）是什麼？

讓問題懸著沒答案，就等於回頭說結構是「自然的」一樣，但這讓人惱火的想起「自然法」。也許，我們可以想出一個答案。假如有必要將內容重新整合入形式之中（如同李維史陀所說的），那麼同樣重要的是，別忘了絕對意義上的形式或內容並不存在，無論在眞實中或在數學上，任何的形式對於包含它的形式而言都是內容，任何的內容對於它所包含的內容而言都是形式。只不過，正如我們在第二章第四節中所看到的，這也並不表示一切都是「結構」，我們還要去理解的是怎麼從這種形式的普遍性（universalité des formes）轉爲界定更完善的結構之存在（界定更完善是因爲要成爲結構，需要符合更多的條件限定）。

首先必須指出的是，從這個角度來說，如果一切都是「可結構的」（structurable），那麼「結構」卻只符合若干「形式中的形式」，它們依循著限制性但特別具理解性的標準，這包括：作爲一種系統，構成具有規律的整體性；規律必須立足於轉換之上；尤其要確保結構的自主與自主調節性。但是，任一的「形式」如何能夠以這種方式自我組織爲「結構」呢？當我們談的是邏輯學家或數學家的抽象結構的時候，這種結構是由他們藉著「反映抽象」（參見第二章第一節）從形式中得到的。但在眞實當中，存在著一個將形式導向結構並確保其內在自主調節性的一般形構過程（processus formateur général）：這就是均衡化過程。在物理領域裡，它在虛功集合中安置了一個系統（參見第三章第一節）；在有機領域裡，它確保了生物在一切層面上的內部穩定（參見第三章第二節）；在心理領域裡，它說明了智力發展的原因（參見第四章第二、三章）；在社會領域中，它也可以發揮類似的作用。事實上，如果人們記得任何形式的均衡都包含著一個潛在轉換（transformations virtuelles）系統，這些潛在轉換構成了「群」，如果人們區分均衡狀態和向這些狀態邁進的均衡化過程，這個過程就不僅要說明顯示著不同階段的調整，而且還要說明它們的最終形式，就是操作可逆性（réversibilité opératoire）。因此，認知或實際功能的均衡化就具備了針對理性圖式（schèmes rationnels）進行說明上所需要的一切：受調節的轉換系統、朝向可能性的開放，也就是說，從一時形構（formation temporelle）轉爲永恆互聯（interconnexions intemporelles）的兩個條件。

從這樣的觀點來看，問題就不再是在社會先於理智或者相反這兩者間作決定，集體理智（l'intellect collectif）本身就是由所有協同合作（coopérations）中起作用的操作所達成的均衡社會（le social équilibré）。同樣的，智力也不先於心智生活，也不是心智生活作用下的各種結果中的一個：智力是各種認知功能的均衡形式。而理智與有機生命之間的關係也具有同樣的性質：如果我們不能說每個生命過程都是「智力的」，那麼我們可以贊同達西．湯姆森（d'Arcy Thomson）[22]很早就研究過的形態轉換（transformations morphologiques）（《成長與形式》〔*Growth and Form*〕，這部著作曾經影響李維史陀，例如：關於礦物方面的研究）中，生命是幾何的。今日我們甚至可以肯定的說，在許多問題上，生命有如一個控制論機器或「人工智能」，也就是說，如普遍智能般運作著。

㉒ 達西．湯姆森（Sir D'Arcy Wentworth Thompson, 1860-1948），蘇格蘭生物學家、數學家，生物數學先驅。《論成長與形式》（*On Growth and Form*），出版於一九一七年。——譯者

但是在這個觀點之下，永遠保持相同的人類精神（李維史陀甚至說其證據就是「象徵功能」的守恆）變成什麼了呢？我們不明白爲什麼把精神視爲一套恆常圖式的組合的看法更值得尊重，而如果視之爲一種保持開放的持續自主建構（autoconstruction）的結果就不是如此。單就符號功能（fonction sémiotique）來說，在接受索緒爾對於符號（signe）與象徵（symbole）區分（這個區分應該比皮爾斯〔Peirce〕[23]的分類更爲深入[24]）的情況下，我們無法同意發生過一個圖像象徵（symbole imagé）向分析符號（signe analytique）演變過程嗎？這就是盧梭在一段談比喻（trope）原始用法段落中的看法，李維史陀在討論「推論思想（pensée discursive）最初形式」時加以引用，並表示贊同（《圖騰制度》，第一四六頁）。其中「最初」隱含著序列或至少是層次；假如說「野性思維」總是存在於我們當中，

㉓ 皮爾斯（Charles Sanders Peirce, 1839-1914），美國實用主義哲學家。——譯者

㉔ 索緒爾區分了標誌 indice（其源於對所指的某種分享）、象徵（引發的）和符號（任意的），符號是約定俗成的，因此必然是社會性的，而象徵則可以是個別性的（例如夢）。皮爾斯則區分爲標誌、圖案 icône（圖像）和象徵（符號但與前兩個有關）。參見第五章第一節。——譯者

然而它所構成的是一個低於科學思想的層次：然而高低等級層次便隱含著形構中的不同階段。特別是人們可以去思考，李維史陀在《野性的思維》中所提到的美好「原始」分類難道不就比較算是無否定操作「應用」（applications sans négations）的結果，而非就操作意義而言的「群集」的結果（參見第四章第二節）。

至於所有這些「自然的」邏輯，我們非常能夠理解在李維史陀的結構主義與列維—布魯爾（Lévy-Bruhl）[25]的實證主義之間在原則上的一般對立。但是列維—布魯爾在其遺著中收回了他的觀點卻表現得好像在他早期作品中就是如此，在我們看來，這一點實在太過頭了：「原始心智」（mentalité primitive）並不存在，但有的很可能是一種前邏輯（prélogique），這或者指涉一種前操作的水準，或者是說局限於少數的具體操作這樣的水平（參見第四章第二節）。「分身」（participation）[26]

---

[25] 列維—布魯爾（Lucien Lévy-Bruhl, 1857-1939），法國人類學家。——譯者

[26] 「分身」（participation）是列維—布魯爾所提出的一個概念，用以指涉「古代民族的思想模式，對其而言，一些差異很大的存在是屬於同一個自然神祕群體，構成一個單一且相同的存在。」（來源：法國國家文本暨詞彙資源中心〔CNRTL〕）——譯者

是一個非常有趣的概念，如果我們從中看到的不是一個無視矛盾律和同一律的神祕聯繫，而是一個在幼童身上頻繁出現的關係，介於類別性（le générique）與個別性（l'individuel）之間：對四到五歲的孩童而言，桌子上的一片陰影是「樹下的陰影」或是「夜晚的陰影」，當中不涉及一般性類別之納入，也不是透過直接的空間轉移（儘管當事人有時因爲缺乏更好的說法而這麼說），而是透過一種事物之間的直接接合（soudure immédiate）㉗。一旦理解了規律，這些事物隨後會被分開、並重新集中在類別中。即使分身僅涉及一種「類比思想」（pensée analogique）㉘，然而在將之視爲前邏輯的視角下來看，它也有其重要性（在前於清楚的邏輯與爲此邏輯進行準備這樣的雙重意義上來說）。

毫無疑問，李維史陀描繪的親屬系統（systèmes de parenté）見證了一個推展的更遠的邏輯。但是，無庸贅言，特別是對於民族誌學者而言，親屬制度並非個人發明

㉗ 此處例子中所要說的是，這樣的陰影是不具普遍性的（一般性的陰影），也不是從別處轉移來的，這樣的陰影是個別的，單純是其自身的。——譯者

㉘ 參照《野性的思維》，第三四八頁。

的產物（如泰勒〔Tylor〕[29]所說的「天生哲學家」〔philosophe sauvage〕），唯有長期的集體改良才能使之成爲可能。因此，當中所涉及到的就是「制度」，它的問題因此與語言結構的問題是一樣的。因爲語言結構的水準超過了平均說話者的水準[30]。如果集體的自主調節或均衡化概念不具有太大的意義，那麼很明白的是，要去判斷一個特定社會成員的邏輯或前邏輯，僅僅參照其成型的文化產品是不夠的，眞正的問題在於所有這些集體性工具，在每個人日常理性運作中的使用。但是，這些工具的水準可能明顯高過於日常邏輯的水準。李維史陀提醒我們，而情況確實如此，一些案例中土著精確的「計算」隱含在親屬關係系統中的關係[31]。但這還不夠，因爲這個系統已經完成了，受到調節，並且有專門的涵蓋範圍，然而我們想要找到的卻是一些個別的發明。

對我們而言，我們認爲只要針對各種社會的成人及兒童之操作水準方面（在第

㉙ 泰勒（Sir Edward Burnett Tylor, 1832-1917），英國人類學家，文化人類學奠基者。——譯者

㉚ 白蟻丘的建造並未以一種明確的方式告訴我們在其他情況下白蟻的幾何能力。

㉛ 狄肯（B. Deacon）所描繪的安柏立姆（Ambrym）土著（《野性的思維》，第三三二頁）。

四章第二節所說的意義下）的精確研究尚未以系統的方式展開，這個問題就會一直存在。然而，這類研究難以實施，因爲它要求在操作實驗的技術方面獲得良好的心理學訓練（在測試中進行自由的、非標準化的對話，沒有任何心理學家獲得這方面的訓練），此外還有充分的民族誌認識與對受研究對象所說語言的完整掌握。對於這樣的研究，我們只知道極少的例子。其中一個以澳洲著名的阿倫塔斯（Aruntas）原住民爲對象，研究似乎顯示他們在守恆概念形構上有著系統性延遲（同一種液體倒入不同形狀容器中的量的守恆），但是終究會獲得這樣的能力，這顯示可能將邁入具體操作水準的第一個層面。此外，在此處一樣有待展開的研究是關於命題操作的研究（如組合（combinatoire）），特別是在這樣的觀點下進行其他社會的研究。

至於結構的功能面向，只要我們接受自主建構，就很難忽視它。假如效用因素無法單獨說明結構的形構，它們還會反過頭來引發一些要由結構的形構做出回應的問題，因而把形構與回應拉近（參見第三章第二節衛丁頓的想法）。另一方面，結構往往會根據社會中出現的新需求而改變其功能。

總而言之，前述的意見並沒有質疑李維史陀分析的貢獻，特別是在結構這方面。這些意見所針對的只是將這些貢獻從其突出的隔絕狀態中解脫出來，因爲一開始就以已經完成的狀態爲基礎，我們遺忘了人類活動最獨特之處，甚至在認知方面的情況也是如此：跟許多只能改變其物種而無法自我改變的動物物種不同，人類能夠透過改變世界而改變自己，透過建構其結構而自我結構，並且這些結構並不受到無論是由外而來或由內而來的永恆命定所左右。智力的歷史不是一個簡單的「項目清單」：它是一束轉換（faisceau de transformations），這些轉換不能與文化轉換、甚至是與符號功能轉換相混淆，它們早於這兩者，它們產生了這兩者；假如理性不是沒有理由的演變的話，而是依循著它與外部環境之間互動過程而產生的內在必然性，理性仍然從動物的狀態或從人類嬰兒的狀態演變到李維史陀的結構民族學。

第七章 結構主義與哲學

第一節 結構主義與辯證法

本章只討論與結構主義研究相關的兩項一般性問題。我們可以無限擴大問題名單，因爲結構主義正是流行所趨，晚近的哲學家當中，沒有一位不追隨它，不過這種新鮮的流行讓我們忘卻這種方法在科學領域裡已經有著悠久的歷史，而這些科學在哲學中容易被忽略。

(一)

兩項問題中的第一項是很容易理解的，因爲在人們重視結構而貶低發生、歷史及功能的情況下，甚至當這涉及無關主體的活動時，人們便很自然的與辯證思想的核心傾向有了衝突。因此，當我們看到李維史陀幾乎把《野性的思維》最後的一整個章節用來討論沙特（J.-P. Sartre）的《辯證理性的批判》（*Critique de la raison dialectique*）時，這既不令人意外又頗具深意。對於這場爭論，我們很適合在此加以檢視的一項原因是，在我們看來，這兩個人似乎都忘記了一項基本事實，即在科學的領域裡，結構主義始終皆與一種建構主義一致，這種建構主義伴隨著鮮明的歷史發展、相反面的對立（opposition des contraires）以及「超越」的象徵，人們無法否認其辯證性格，更不用說辯證法和結構主義這兩種傾向皆具有整體性的觀念。

沙特主張，辯證思想的主要組成是建構主義及作爲其必然結果（corollaire）的歷史主義。關於第二項，除了在我們已經提過他關於歷史的基本看法之外，李維史陀正確的指出了沙特思想聚焦在我或是「我們」所引發的困難，「但是迫使這個我們只不過是我的加強（un moi à la deuxième puissance），其本身密不透風的向其他的我們封閉。」（《野性的思維》，第三四一頁），只不過這些可不是什麼沙特思想上的辯證法產物，它們只是一種仍停留在哲學層次上的辯證法所無法成功抹去的存在主義殘餘。然而相對的，在科學思想的領域裡，辯證化（dialectisation）的過程本身意味著觀點的交互性（réciprocité）。至於沙特辯證法中的建構主義，我們給予支持，而不贊同李維史陀在這方面的反對意見，不過這要以一個保留爲前提，這是很根本的，也就是沙特（除了極少數例外的情況除外）主張哲學思想的特權，認爲它截然不同於科學知識，他對於後者的描繪幾乎完全取材自實證主義及其「分析」方法。然而，不僅實證主義不是科學，它只給出科學的一個系統性扭曲的形象，更且，正如梅耶森常指出的，哲學中最鮮明的實證主義學者僅將這套主張用於一種表面上的信仰宣示，一旦他們展開其經驗上的分析及理論工作，他們所做的通常是所說的相反。人們可以指責他們認識不足或缺乏認識論意識，但同時人們也別再將他們的作品與實證主義畫上等號。

也就是說，李維史陀在辯證理性與科學思想之間建立起的關聯雖然比較正確，但卻還達不到科學思想的要求，因此使我們恢復給辯證過程一個比他所期盼的更爲重要的角色。此外，看來很清楚，如果李維史陀在某種程度上低估了辯證過程，那是因爲他的結構主義具有相對靜態或非歷史的性質，而不是整個結構主義都傾向如此。

如果我們的理解沒錯，李維史陀將辯證理性視爲一個「始終構成性的」（toujours constituante）理性（《野性的思維》，第三二五頁及續頁），但這是在「勇往直前」（courageuse）這個意義上說，也就是說它搭起橋梁、向前邁進，相對於分析理性爲了理解而拆解，尤其是爲了控制而拆解。但不是因此就能說這種補充性——據此，「辯證理性不是……別的，辯證理性就是分析理性……不過它是在分析理性中加上的東西」（第三二六頁）——重回到單純的將後者所欠缺的發明或進步功能歸給前者，同時將驗證的基本保留給後者。當然這個區別是重要的，當然並不存在兩種理性，而是理性可以採取的兩種態度或兩類「方法」（笛卡兒的用法）。但是辯證立場所要求的建構不單單僅是涉及在我們無知的深淵上「搭建便橋」，同時彼岸卻不停的後退（第三二五頁）：這個建構所涉及的更多，因爲常常是這個建構在肯定當中產生了否定，以便隨後從中找出一個超越的一致性。

這個黑格爾或康德的模型不只是一個抽象模型或純然概念性的模型，否則它不會引起科學或結構主義的興趣。它表現出一旦思想試圖擺脫虛假絕對性，所必然會採取的作法。在結構領域裡，它相應於一個不斷重複的歷史過程，巴舍拉（G. Bachelard）①在他的傑作之一《否的哲學》（*La philosophie du non*）中曾對此加以敘述。其原理是，結構一旦完成，人們便針對它的一種根本的或至少是必要的性質予以否定。例如：古典代數是交換的，從漢密爾頓（Hamilton）②開始，人們就建構了非交換代數；歐氏幾何又加上了非歐幾何；立基於排中律的二値邏輯，在布勞威爾

---

① 巴舍拉（Gaston Bachelard, 1884-1962），法國哲學家。——譯者

② 漢密爾頓（Sir William Rowan Hamilton, 1805-1865），愛爾蘭數學家、天文學家、物理數學家。——譯者

（Brouwer）[3]無窮集合（ensembles infinis）的情況當中否定了這個原則的價值，二值邏輯就被多值邏輯所補充，諸如此類。在邏輯－數學結構領域裡，在一個給定結構的情況下，透過一個否定的系統來構建補充的或不同的系統，然後可以組合成一個完整的複雜結構，這幾乎已經成爲一種方法了。這種否定的作法一直到否定了否定本身，例如：格里斯（Griss）[4]「無否定邏輯」（logique sans négation）。此外，在確定是系統A導致系統B或者是系統B導致系統A的時候，例如：在有限序數與基數的關係上、在概念與判斷之間的關係上等，我們可以確定優先性或線性演變關係最終總是由辯證的互動或循環所取代。

在物理及生物科學領域裡的情況也類似，儘管這是從康德所稱的「眞實矛盾」（contradictions réelles）或事實的矛盾[5]的情況中衍生出來的，還需要再提到光理

---

③ 布勞威爾（Luitzen Brouwer, 1881-1966），荷蘭數學家、邏輯學家，代數拓樸先驅。——譯者

④ 格里斯（George François Cornelis Griss, 1898-1953），荷蘭數學家、哲學家。——譯者

⑤ 在一篇關於邏輯與辯證法的有趣的章節中，阿波斯德勒（L. APOSTEL）闡述了康德這項說法的意義（參見皮亞傑，《邏輯和科學知識》（*Logique et connaissance scientifique*），第三三七頁，一九六七年，Gallimard 出版）。

論中粒子論與波動論間的擺盪、以及麥克斯韋在電與磁程序間所引入的交互性嗎？在這些領域就如同在抽象結構的領域中，看起來辯證確實是結構完善發展上的一個基本面向，對分析而言既補充又不可分的面向、甚至是具有形式化作用的面向：這個李維史陀精細的在分析理性上「加上的東西」因此涉及絕不僅止於「搭建便橋」而已，並且無疑的涉及到以著名的「螺旋」（spirales）或非惡性循環（cercles non vicieux）來取代線性或樹狀模型，其與發生循環（cercles génétiques）或發育過程所特有的相互作用非常接近。

(二)

這帶我們重新回到歷史的問題上，以及阿圖塞及後來的與荀德利耶（Godelier）⑥運用結構主義分析來處理馬克思著作的方式上，儘管在其社會學詮釋中，馬克思賦予歷史發展一個重要角色。此外，馬克思的思想中也具有結構主義的面向，其性質至少是介於我們在第六章第一節所說的「總括的結構」以及現代人類學意

⑥ 荀德利耶（Maurice Godelier, 1934-），法國人類學家。——譯者

義下的結構兩者間，這點是很明確的，因爲他對眞實的下層結構及意識型態的上層結構作了區分，並以儘管仍不脫定性色彩卻相當精確的語彙描述了前者，引領我們遠遠超越了僅是可觀察關係的層次。阿圖塞的工作旨在發展一種馬克思主義的認識論，除了其他的目標，他聚焦於兩項非常合理的目標，即將馬克思辯證法從黑格爾辯證法中脫身，並賦予馬克思辯證法一個當今的結構主義形式。

在第一項目標方面，阿圖塞提出了兩個重要的看法（從中他甚至得出這樣一個結論，質疑青年馬克思思想中的黑格爾主義的主張，他認爲馬克思更該從一個受到康德甚至費希特（Fichte）⑦所啓發的問題意識下出發，這部分在此不予討論）。第一個看法與第二個有關，他認爲對馬克思主義而言（觀念論與此相反），思想是一種「生產」（production）、一種「理論實踐」，比較不屬於個別主體的作品，而是密切的相互作用下的結果，社會及歷史因素也介入其中：由此得出他關於馬克思著名段落的詮釋，其中「具體的整體性」（totalité concrète）如同思想的具體

⑦ 費希特（Johann Gottlieb Fichte, 1762-1814），德國哲學家。——譯者

（Gedankenkoncretum）⑧，「實際上是思考與構想的產物。（produit）」

阿圖塞的第二個看法認爲馬克思思想中的辯證矛盾（contradiction dialectique）與黑格爾的辯證矛盾沒有關係，後者最終只涉及對立同一（identité des contraires）：馬克思的辯證矛盾是一種「多元決定」（surdétermination）的產物，假如我們的理解沒錯，也就是它是各種密不可分的相互作用的產物。同樣的，阿圖塞合理地指出馬克斯與黑格爾關於「整體性」概念上的不同。

這種社會領域中的多元決定，等同於物理方面的某些因果形式，它導致阿圖塞將生產關係的內在矛盾或生產關係與生產力之間的矛盾，以及以一種廣泛的方式把整個馬克思主義經濟機器（l'appareil de l'économie）納入一種轉換結構的系統中，他努力提出這個系統的接合方式（articulations）及形式化原理。人們以流於形式主義來批評他，但這是對所有認眞的結構主義常見且沒什麼根據的指責。人們尤其反對他的，在一些人眼裡，就是對人的貶低；但是，假如人們對「個人」價值（不幸的是，

⑧ 一種英譯方式爲 concrete-in-thought，法文也有相應的譯法 concret de pensée。——譯者

這個價值如此慣常的與我個人的價值相混淆）的堅持少一點，但對行動或認識型主體的建構性活動更重視一些，那麼把知識視爲一種生產的這一點非常符合原始馬克思主義最堅實的一項傳統。

關於結構和歷史轉換之間的關係，荀德利耶在一個見解透澈的註解中指出了猶待完成的工作⑨：如果我們比較社會結構與範疇（對象的集合和對於集合間的可能「對應」：參見第二章第二節末尾），我們可以恰當的確定哪些功能與結構相容、哪些則不相容。但是對於形構成一個系統的結構集合（ensemble de structures）而言，仍需了解的是這些結構間的連接模式（modalités de connexions）是如何「在相互連接起來的一個結構（une des structures connectées）之內導入一個主導功能」。就此而言，既有的結構分析仍待完善，但這與歷史的及發生的（génétiques）轉換有著密切的關係。從這一角度來看，確實如荀德利耶（他很出色的補足了阿圖塞對馬克思矛盾概念的分析）所強調的「結構研究相對於它們的發生與演變研究之優先

---

⑨ 荀德利耶（M. Godelier），〈資本中的系統、結構與矛盾〉（Système, structure et contradiction dans le Capital），《現代》（*Les Temps modernes*）期刊，一九六六年，第55號，第八五七頁。

性」，並指出馬克思自己就是遵循這種方法，將一個價值理論加在《資本論》的最上層。此外，我們已經看到（第四章第二、三節），即使在發生心理的領域，發生不過就是一個結構到另一個結構的過渡，這個過渡說明了第二個結構，同時，在理解過渡作爲轉換作用這方面，對於兩個結構的認識是必要的。這就獲致了一個值得引述的結論，因爲這個結論也很恰當地總結了我們對於李維史陀的反對意見，乃至於本書的整體看法：「我們不可能用人類學挑戰歷史學或以歷史學挑戰人類學，無益的將心理學與社會學對立、將社會學與歷史學對立。人的『科學』的可能性最終應該建立在發現社會結構之運作、演變及內部對應關係規律的可能性上……因此建立在能夠說明結構及其功能之變異與演變條件的結構分析方法的普及（généralisation）上。」（第八六四頁）如此，在一個這般理解的結構主義中，在這個結構主義提升它的分析工具的情況下，結構與功能、發生與歷史、個人主體與社會形影不離。

第二節　無結構的結構主義

另一方面，傅柯的著作《詞與物》（*Les mots et les choses*）給了一個相當令人驚訝的例子。這是一個風格耀眼、充滿獨到傑出想法、並且展現淵博學識的作品（尤其在生物學史方面。相較之下，心理學史方面就遜色了），但是他對於時下的結構主義只選取了負面的面向，我們在他的「人類科學考古學」（該著作的副標題）中所能找到的，主要只有與語言有關的概念原型（archétypes conceptuels）研究。傅柯對人特別厭惡，並認爲人文科學只是這些「突變」的一時產物，這些突變是「先天上歷史性的」（a priori historiques）；或者是在時間上無序的接踵而至的認識體（épistémè）；事實上，這種誕生於十九世紀的人的科學研究總有一天會被無人可意料的某種新的認識體所取代而壽終正寢。

令人玩味的是，傅柯在結構主義中找到人文科學未來滅絕的原因之一。結構主義「向著可能性展開，也透過建構形式語言來淨化陳舊的經驗理性，並且從先天上是數學的新形式中出發，展開純粹理性的第二次批判。」（第三九四頁）事實上，透過這樣擴大語言本身的力量，「在其推到極限的可能性中，其所宣稱的，就是人的「終結」，以及藉由臻至所有可能言說的頂端，所抵達的不是人的核心，而是碰觸到限定他的邊緣：在這個死亡徘徊、思想寂滅、源頭的許諾無止盡的退縮之境。」（第三九四—三九五頁）然而「結構主義不是一種新方法；它是現代知識覺醒的和憂患的意識。」（第二二一頁）

懷疑派認識論所帶來的貢獻就是透過撼動安逸的立場來引發新的問題。人們或許希望傅柯促成一位未來的康德到來，由他來引導我們第二度從獨斷論的睡夢中醒來。人們尤其可能等待著一部有著革命意圖的作品，當中這位作者向我們提出一個關於人類科學有益的批判，對於認識體新概念的充分澄清，以及他自己對結構主義限定性構想（conception restrictive）的一套論據。不過，在這三點上，我們仍然處於未獲滿足的狀態，因爲在傅柯極端靈活的鋪陳之下，我們找到的不過是無數的論斷或是省略，讀者必須自己想辦法來拉近其間的差距，找出其證明。

例如，人文科學不僅是「假科學，它們根本不是科學；界定它們的實證性（positivité）並將它們植根於現代認識體中的布局（configuration）同時就將它們置於科學之外；假如有人問它們何以取得科學的名銜，那麼只需想到它們召喚及迎接從科學中轉移而來的模型，這個根植過程屬於考古學界定的問題。」

（第三七八頁）假如現在有人要求獲得關於這些出人意表的論斷的證據，我們所能找到的只有這些：(1)「界定它們實證性的布局」就是傅柯所發明的「三面體」（trièdre）（第三五五—三五九頁），它的三個面向是：a.數學和物理科學；b.不屬於人文科學的生物學、經濟學和語言學（見第三六四頁）；以及c.哲學反思。(2)由於人文科學不屬於a.、b.或c.，因此它們不是科學：證完。(3)至於爲什麼人文科學是如此認爲，「這個根植過程的考古學界定」很容易對此予以說明，因爲傅柯的「考古學界定」總是在事後講述所發生的事情，就好像可以從它們認識體的認識中先天演繹出來（因爲「歷史表明，所有被思想過的將再度被一個尚未出現的思想所思想」，第三八三頁）。

實際上，傅柯賦予了人文科學一種特定的界定方式，而讓他對人文科學進行批判的工作變得容易一些。只是這些科學的代表人物都無法接受這樣的界定。例如，他說語言學不是一門人文科學，「除了個人或團體運用文字的方式等」（第三六四頁）才歸屬這個名下。科學的心理學在十九世紀誕生於「工業社會強加給個人的新規範中」（第三五六頁：我們很想知道他指的是哪些規範），而它的生物學根源則斷然的被切斷[10]。這個心理學所剩下的只有個別表象的分析，沒有一位心理學家會同意這樣的看法，此外，當然還有佛洛伊德的無意識，頗受傅柯讚賞，更何況佛洛伊德在宣告了人類終結這方面的價值，這點是從人的意識的瓦解的意義上說的，而意識在他眼裡是過度受到青睞的研究對象。只是傅柯在此處忘記了整個認知生活與同時也跟無意識的結構有所關聯，不過結構的運作讓認知與整體生命聯繫起來。

然而，如果傅柯這種流於片面的批評是完成一項發現所付出的代價，那麼或許也不算太嚴重。乍看之下，認識體概念是新的，並包含著一種我們所贊同的認識論結構主義。傅柯所說的這些認識體並不構成一種康德意義上的先驗範疇系統，因爲相對於皆屬永恆且必然的康德的範疇以及李維史陀的「人類精神」這兩者，傅柯的認識體在歷史過程中相繼出現，甚至是不可預期的。它們也不是可能由在科學史特定時刻中普遍存在的簡單的理智性習慣（habitudes intellectuelles）或限定模式（modes contraignantes）所導致的一些可觀察關係系統（systèmes de relations

⑩ 傅柯因此忘了赫爾姆霍茨（Helmholtz）、赫林（Hering）以及其他許多的「工業社會新規範」受害者，這也包括達爾文，因爲他是科學心理學的創始人之一。

observables）。認識體是「先天歷史的」東西，知識的先決條件，有如超驗的形式，但只持續在一段有限的歷史期間，當它們枯竭力乏時便讓位給其他的認識體。

閱讀傅柯對於在他的區分下接續出現的認識體所進行的分析的時候，我們很難不想到庫恩（Th. S. Kuhn）⑪在他著名的有關科學革命的著作中所描述的「典範」（paradigmes）⑫。乍看之下，傅柯的嘗試似乎更深一層，因爲他還帶著結構主義的企圖，如果成功的話，應該會發現認識論結構，並且把一個時期的科學基本原理相互聯繫起來。相較之下，庫恩則侷限於這些原理的描述，以及針對促成轉變發生的危機進行歷史分析。只是，要實現傅柯的計畫，還缺一個方法。他沒有探討是在什麼樣的先決條件下，我們有資格認爲一個特定的認識體確實存在著，並且是根據什麼樣的標準，我們可以認定任何人皆可根據各種科學史解釋方法所建構出的不同的認識體是錯的。傅柯相信他的直覺，用隨興的思辨取代了任何系統性的方法論。

---

⑪ 庫恩（Thomas Samuel Kuhn, 1922-1996），美國科學哲學家、科學史學家。——譯者

⑫ 參見庫恩，《科學革命的結構》（*The structure of scientific revolutions*），The University of Chicago Press 出版，一九六二年；Phoenik Book 出版社，一九六四年。

在這樣的情況下，有兩個危險便難以避免：首先是認識體特質歸屬上的任意性，選擇某些特質卻不選另一些也具有可能性的特質，或者有些特質儘管具有重要性卻受到忽略；其次是屬性的異質性（hétérogénéité des propriétés），亦即被設想爲相互連帶的（solidaires）屬性，儘管是同時代的，實際上卻分屬於思想的不同層面。

關於第一種危險，我們可以舉的一個例子是前文提到過的體現當代認識體的三面體。從各種角度看，三面體都是任意的。首先，如同我們所見，傅柯讓自己有權按照自己的方式來劃分人文科學，他把語言學與經濟學從中剔除，除非是它們觸及個人或小團體，還不是直接觸及人本身；心理學和社會學在三面體中徘徊，找不到固定的位置：我們已經看到，這種認識體是傅柯按照他的方式所形塑出來的認識體，是他自己的認識體，而不是科學領域的認識體。此外，這個三面體是靜態的，而當代科學的基本特徵是相互作用的整體，這些相互作用趨向於賦予系統多重交織的循環形式（forme circulaire）：熱力學與資訊、心理學×行爲學×生物學、語言心理學×發生論語法、邏輯×發生心理學等。最後，傅柯將哲學以一種獨立面向的姿態加入三面體，然而認識論愈來愈內在於各門科學中，其處境愈來愈依賴於科學的循環本身（cercle）及持續變化中的跨學科關係（然而，這正是一項傅科自己多次提出的論斷所具有的涵義：人永遠是一種兼具「經驗—超驗」（empirico-transcendantal）特性的「奇特二元存在（doublet）」（參見第三二九頁）。

至於傅柯認識體概念的第二項缺陷，亦即其內在異質性，這點在第八十七頁的表格中表現得特別清楚。表中，十七世紀和十八世紀的認識體被簡化爲線性秩序和分類樹（arbres taxonomiques）。事實上，生物分類法（taxonomie）屬於一種相當基本的邏輯「群集」結構（參見第四章第二節），帶有多項限制，其中的一項限制是逐步性的建構方式（construction de proche en proche）（即相鄰性〔contiguïté〕）。不過，儘管當時的生物學思想還停留在這個水準，但是早在十七世紀數學思想就達到了微積分和相互作用模型的水準（一點也不線性），例如，牛頓第三定律作用力與反作用力均等的模型：傅柯主張這一切只涉及同一種認識體，其理由是共時化（synchronisation）作用，這是對歷史看法過於狹隘所害，然而傅柯卻聲稱要透過他的知識「考古學」來從中找到出路，這是無視於水準的不同，然而我們在此很明確的面對著兩種不同的水準。

這個將不同水準區分清楚的基本問題在傅柯的作品中全然缺席，因爲這與他個人的、「考古學的」認識體是相悖的。但是這種否定的代價卻很高昂：認識體的先後出現因此變成完全無可理解。然而，這是有意的安排，其始作俑者甚至對此感到滿意。其結果是，在先後出現的認識體中，我們無法從一些當中推導出另一些，不僅是形式上無法如此，甚至在辯證上也不行；另外，認識體之間也不存在著演變上的上下關係，無論是就發生方面或歷史層面而言。換句話說，理性「考古學」最後的結語是主張理性無理性的轉換著，其結構以偶發突變或瞬間突現的方式出現或消失，就像生物學家在當代控制論結構主義出現前的推論方式一樣。

因此，把傅柯的結構主義說爲沒有結構的結構主義（structuralisme sans structures）一點也不爲過。它保留了靜態結構主義所有否決的面向：對歷史和發生的貶抑、對功能的蔑視、以及對於主體史無前例的否定，因爲人類即將消失。至於其肯定的面向方面，傅柯所說的結構也只不過是示意圖，而不是依據其自主調節性必然進行自我保存的轉換系統。在傅柯這種最終而言的非理性主義當中，唯一固定不變的就是對語言的憑恃，語言由於在個體之外而被視爲主宰著人：但對他而言，甚至是這種「語言的存在」也只刻意做爲一種神祕之物，他僅止於強調語言「謎一般的頑強」（insistance énigmatique）（第三九四頁）。

不過，這些都無損於傅柯作品由於其銳利的拆解才智所具有的不可取代價值。從他的作品中，我們也清楚看到，若將結構主義與建構主義澈底切割開來，要達到一個連貫一致的結構主義是不可能的[13]。

---

⑬在由《文學雙週刊》（*La Quinzaine littéraire*）（一九六八年，第46號）轉載的法國廣播電視局（ORTF）訪談中，傅科對他的作品提出一種新的詮釋，與不知情讀者的印象相差甚遠，值得我們注意，因爲那些對其後續研究有所期待的人將因此感到欣慰。假如我們的理解沒錯，傅柯認爲將要消失的人不是客觀研究所要研究的人，要消失的人是那種由「不能再教」的哲學人類學（所設想）的人。此外，認識論已變成是內在於不同學科的，而不再是只立足於「一種爲哲學家所用的數學」（une mathématique pour philosophes）或「一種爲哲學家所用的生物學」等。「並且，最後是在這種理論工作的多元性當中，一個猶待著其獨一無二思想家（penseur unique）及其一致論說（discours unitaire）到來的哲學將完成。」在這種情況下，傅柯曾做過的一系列指責明顯的和緩下來：例如，「我們不殺歷史（l'Histoire），但殺這種爲哲學家所用的歷史，殺這個歷史，是的，我絕對要殺了它！」我們因此希望，在重新找到這種與哲學家的人（或哲學心理學支持者的這種人）有別的不同形式的人之後，傅柯將其結構歸還他，甚至就在方法的結構主義中發現他的「一致論說」，而不是在結構主義者身上看到一堆各不相干的作家，傅柯自己也被歸入此類，「這是一個爲其他人而存在的類別，爲那些不屬於它的人而存在的類別。」

結論

該總結一下這本小書努力梳理出的結構主義的主要立場。首先要說的是，儘管對於這個方法有了許多新的應用，不過結構主義在科學思想史中已經有很長的歷史，儘管相較於演繹法與經驗的結合，其形成的時間比較晚。如果需要等這麼久才能發現結構主義的可能性，那麼，無須贅言，首先是因爲精神的天性是從簡單到複雜，因此一開始還看不到元素間的相互依賴關係和整個系統的層面，一直要到分析上遇到了難題，才促成對它們的承認。其次是因爲這些結構本身是不可觀察的，需要從形式中歷經多次方的抽象（à la n^e puissance），從而得出形式或系統，這方面需要反映抽象這種特殊能耐的投入。

但是，如果說科學的結構主義已經有著悠久的歷史，從中我們所要吸取的教訓尚包括在其主題上結構主義應該避免涉及教條或哲學，否則它將很快被淘汰。本質上，結構主義涉及一種方法，包含所有這個詞彙具有的涵義，技術性、強制性、智識上的誠實以及在相繼趨近下的進步。而且，無論科學對新問題所必須把持的無限開放精神爲何，當我們看到潮流抓住一個模型，僅給予一些薄弱或扭曲的贗品，我們便不得不爲此而擔憂。因此，我們需要保持一種距離，以確保讓眞正的結構主義，也就是方法的結構主義，來判斷一切以它爲名所說及所爲之事。

這就是說，從我們前後檢視中所得出的基本結論是，對結構的研究不能是排他性的，不應禁止任何一個其他面向的研究，尤其是在人的科學及整個生命科學當中。情況正好相反，結構的研究努力將它們整合起來，以科學思想中任何整合都運用的方式：透過交互性與相互作用的模式。前後章節也都向我們表明，在結構主義不同的立場中任何出現排他主義的地方，用來支持這些限制或強硬態度的模型正是朝著人們設定的相反方向發展。在本書中，我們僅以語言學爲例。在人們從語言學中獲得種種有益但又流於片面的啓發之後，喬姆斯基出乎意料的逆轉了立場，緩和了這些門戶之見。

我們所要提出的第二項總結是，本之於其精神，結構的研究只能走向跨學科的協調合作。其理由很簡單，那就是想要在一個人爲劃分的領域中談結構，如同在一個特定科學中，我們很快就會面臨著不知何處可以定位結構的「存在」。因爲根據定義，結構絕不與可觀察的關係系統相混淆，但這些可觀察的關係卻是在任何特定科學中唯一被清楚劃定的東西。例如，李維史陀將他的結構定位在一個概念圖式系統上，這個系統位於下層結構與意識行爲或意識形態之間的位置上，這是因爲「民族學首先是一種心理學」。爲何他這麼做很有道理？因爲智力的發生心理研究同樣也表明了，個別主體的意識中並不包含任何他的活動所立足的機制，相反的，行爲預設了「結構」的存在，唯藉乎此才有可理解性可言：而且，這是與「群」、「網」、「群集」等相同的結構。但是，如果換做我們被問到要將這些結構定位在哪兒？我們會借用李維史陀的話說：位於神經系統和意識行爲之間，「因爲心理學首先是生物學」。或許，我們還可以繼續延伸下去，但是由於各門科學形成了一個循環，而不是線性的系列，從生物學往下再到物理學，然後再從這些科學往上到數學，最後回到……我們說回到人，介於人的有機體與其精神之間。

還有一項結論在我們看來顯而易見，比較檢視（examen comparatif）可以予以證明：「結構」並不殺人，也不殺死主體活動。當然，我們首先必須對於主體有一致的看法。在一些哲學傳統的影響下，對於我們所謂的「主體」，誤解已經積累了。首先，有必要區分跟此處討論無關的個人主體（le sujet individuel）以及同一水準所有主體皆共通的認識型主體或認知核心。其次，有必要將主體在其知性活動中所能做到的事（他知道這些知性活動的結果，但不清楚其機制）與總是流於片斷並經常有所扭曲的意識（la prise de conscience）這兩者區別開來。不過，如果我們藉此就將主體與「我」、「生活經驗」區分開，那麼進一步還需說清楚的是主體的操作，也就是主體經由反映抽象，從他的一般行動協調中取得的東西：這些操作正是主體所運用的結構之組成成分。因此，支持主體消失，並讓位給非個人性（l'impersonnel）與一般性，這種做法忘記了在知識的層面上（也許道德價値的或美學價値等層面上也是如此），主體的活動預設了一種持續的去中心化（décentration）作用，以將主體從他自發性的理智、自我中心主義（égocentrisme intellectuel spontané）中解放出來，這並非要有利於一個已經完成並外在於主體的普遍性（universel），而是要有利於一個持續進行的協調作用與交互關聯（mises en réciprocités）的過程：透過持續不斷的建構與再建構，正是這個過程成爲結構的產生者（générateur）。總而言之，主體存在；因爲，一般而言，結構的「存在」，就是主體的結構化。

這個主張的論據可以由下一項結論提供，其同樣也得自不同領域的比較：不存在無建構的結構（structure sans une construction），無論是抽象的建構或發生的建構。不過，正如我們所見，這兩種建構並不像人們通常所設想的那樣距離遙遠。在哥德爾之後，我們在邏輯—數學理論中區分相對強弱的結構，最強結構之完善必須在基礎（弱的）但必要的結構之後進行，抽象結構系統因此涉及一個永遠進行中的整體建構（une construction d'ensemble jamais terminée），這與形式化的界限有關。這也就是說，如我們所設想過的，一種內容總是次一級內容的形式，而一個形式總是比它高一級形式的內容。在這種情況下，抽象建構只是發生之形式化的另一面（l'envers formalisé d'une genèse），因爲發生也是經由反映抽象來進行的，但從一個較低的層面開始。當然，在那些關於發生的資料未知或喪失的領域中，如同民族學領域，很自然的是我們只能裝作沒事，把事情弄成好像發生毫無用處似地。但是在發生能夠清楚的在日常觀察中表現出來的領域裡，例如，智力心理學，我們看到發生與結構之間存在著必然的相互依賴性：發生永遠都只是從一個結構到另一個結構的過渡，而且是一個具有形構作用的過渡（passage formateur），它從最弱的結構導向最強的結構，而結構永遠都是轉換系統，但其根源是操作性的，涉及到適合工具的預先形構。

但是，發生問題遠遠超過心理學問題的層面：它所質疑的是結構概念的涵義本身，認識論基本選項介於永恆預定或者是建構主義之間。的確，對一位數學家而言，相信柏拉圖的理念（Idées）並認爲在負數發現之前、在開根號發現之前，虛數（nombre imaginaire）$\sqrt{-1}$ 恆在上帝心中。但是，自從哥德爾定理提出以來，上帝已不再不動如山，祂不斷建構著愈來愈「強的」系統，祂也因此更有活力。假如我們現在離開數學結構、來到「眞實的」或「自然的」結構，問題更加尖銳，無論是喬姆斯基所主張的天賦理性，或是李維史陀永恆的人類理智，都滿足不了精神，除非是置生物學於不顧。至於有機結構，我們可以在其中看到，或者是一種演化建構的產物，或者是在原始的DNA中已先刻入的元素組合方式的開展。總之，在各個層面上，問題都一樣。就本書而言，為了得出結論，我們只需指出關於發生建構（construction génétique）研究的存在，並且在結構主義的觀點下，它們都得到了加強而不是削弱。因此，正如同我們在語言學以及智力心理學中所看到的，一種綜合是必要的。

還剩下功能主義的問題。如果認識型主體沒有被結構主義消滅，如果結構與發生不可分，那麼很自然地功能的概念也沒有喪失其價值，並且仍然包含在結構的自主調整當中。然而在這裡一樣，事實的論點再次受到形式的或合法的理由所支持。事實上，在「自然的」結構範圍內，對於功能運作的否定等於回頭假定存在著一個實體，無論它是主體本身或是社會、或是生命等，這個實體構成了「所有結構的結構」，因為除了追隨傅柯承認不連貫、接續又無序的認識體之外，結構只能以系統的方式存在。根據長久以來就清楚的二律背反，以及晚近才得知的形式化界限這個理由，所有結構的結構是不可能實現的：因此得出結論，主體的本質是一個功能運作中心，不是一個先天已經完成的構造的處所；假如我們以社會、物種或生命、或甚至宇宙來代替主體，那麼情況還是一樣的。

總的來說，結構主義就是一種方法，不是一種學說。就算它變成學說，它也導向多種學說。作爲一種方法，結構主義只能在應用上受到限定，也就是說如果由於它的養分，導致結構主義與各種其他方法有所連結，這預設了其他方法的存在，並且一點也不違反發生的或功能的研究，相反的，它以其強有力的工具在所有與其他方法交集處強化這些研究。此外，作爲一種方法，它是開放的，亦即在交流過程中，它接受的也許不像它所給予的那麼多，因爲它是新來的、仍然充滿著不可預見之處，但有著一整套重要的材料要吸收處理及新的問題要解決。

同樣的，在數學方面，布爾巴基學派的結構主義已被一個要求結構更加動態的運動（「範疇」與其「函數」的基本面向）所超越。同樣的，不同學科中所有當前的結構主義形式確實都有著多方面的發展。因爲結構主義與一種內在的辯證相連，人們可以放心，它的一些支持者從其視爲不相容的立場中認爲可推演出的一切否定、貶低或限制，恰好就位在反論（antithèses）總是被新的綜合所超越的關鍵點上。

總之，當我們趨向於將結構主義當作一種哲學的時候，對結構主義造成威脅的永久危險是結構的實在論。一旦我們忘記結構與操作的關係、以及結構來自操作，我們就會走向這樣的看法。相反的，在我們清楚結構首先且基本上是一道轉換的情況下，我們就不會將結構與物體內在的物理的或生物的操作者相分離，或與主體所進行的操作相分離，結構就是它們的組成規律或均衡形式，而不是它們所依賴的一種先於它們或優於它們的實體。事實上，相對於一般的行動，操作的本質就是系統的自主協調與自主組織：透過系統建構本身，系統構成了結構，而不是結構預先存在於行爲之前、建構之前並預先決定了它們。因此，這本小著作中所分析的結構主義的關鍵就在於操作的優先性（le primat de l’opération），在它所涉及的所有方面皆是如此，包括數學的或物理的認識論、智力心理學、以及實踐與理論之間的社會關係。若將結構的源頭切斷了，我們就會得出一些形式性本質的結構（structures des essences formelles），當結構不停留在口頭上，透過將結構深入其源頭，我們才恢復了它們與發生的或歷史的建構主義以及它們與主體活動的密切連結。

參考文獻

N. BOURBAKI, L'architecture des mathématiques, *in* F. LE LIONNAIS, *Les grands courants de la pensée mathématique*, Paris, 1948.

N. CHOMSKY, *Syntactic Structures*, La Haye, Mouton, 1957.

G. CASANOVA, *L'algèbre de Boole*, PUF, 1967, coll. « Que sais- je ? », nº 1246. M. FOUCAULT, *Les mots et les choses*, Gallimard, 1966.

J. LACAN, Écrits, Paris, Éd. du Seuil, 1966.

Cl. LÉVI-STRAUSS, *Anthropologie structurale*, Plon, 1958.

– *La pensée sauvage*, Plon, 1962.

– *Les structures élémentaires de la parenté*, PUF, 1949.

K. LEWIN, *Field theory in social science* (ed. CARTWRIGHT), New York, Harper, 1951.

T. PARSONS, *Structure and Process in Modern Societies*, Glencoe, Free Press, 1960.

J. PIAGET, *Traité de logique*, Colin, 1949.

– *Biologie et connaissance*, Gallimard, 1967.

– etc., *Logique et connaissance scientifique, Encyclopédie de la* Pléiade, vol. XXII (avec le concours de 18 auteurs).

F. de SAUSSURE, *Cours de linguistique générale* (publié par C. BALLY et A. SÉCHEHAYE), Genève, 1916.

H. SINCLAIR DE ZWAART, *Acquisition du langage et développement* de la pensée, Paris, Dunod, 1967.

J. TINBERGEN, De quelques problèmes posés par le concept de structure, *Revue d'Économie politique*, 1952, 62, pp. 27-46.

皮亞傑年表

尚．皮亞傑（Jean Piaget，一八九六年八月九日至一九八〇年九月十六日），全名尚．威廉．弗里茲．皮亞傑（Jean William Fritz Piaget）

年代	生平記事
一八九六	八月九日，皮亞傑出生在瑞士法語區的納沙泰爾（Neuchâtel），他是家中的長子，父親亞瑟．皮亞傑（Arthur Piaget, 1865-1952），瑞士人，是納沙泰爾大學的中世紀文學教授；母親蕾貝卡．傑克森（Rebecca Jackson, 1872-1942），法國人。
一九〇七	皮亞傑十一歲，就讀納沙泰爾拉丁語中學，在公園觀察到白化症麻雀，以此為主題，寫成短文發表，由此展開他漫長的科學生涯。
一九〇六—一九一一	十幾歲的時候，對自然科學和生物學，特別是軟體動物很有興趣，經常造訪自然博物館，盯著動物標本，一看就是好幾個小時。中學期間，和同學、朋友組成年輕科學家社團和學生社團，社長皮耶．博維特（Pierre Bovet），後來稱為自然之友社（Amici Naturae）。十五歲中學畢業之前，已經在這些社團研討會發表過不少論文，成為小有名氣的軟體動物學家。
一九一一	皮亞傑十五歲，他的保姆寫信給他的父母道歉，因為以前欺騙他們說曾遭遇綁匪想劫走躺在娃娃車裡的小皮亞傑。雖然沒有這麼一回事，但是皮亞

	傑變得著迷，他以某種方式形成這起綁架事件的記憶，即使他日後明白那件往事是虛構的，這些記憶依然未曾磨滅。
一九一一—一九一八	高中畢業後，就讀納沙泰爾大學，主修自然科學、科學史、動物學。另外，在祖父鼓勵下，也有興趣投入哲學（特別是知識論、邏輯的研究）。在此期間，他發表了若干哲學文章，集結成冊《理念研究的使命》（*La mission de l'idée et Recherche*），雖然日後自述是青春期的不成熟著作，但也可以窺見他思想的進化（其中部分反映出與進化理論、家庭的宗教文化背景等的分道揚鑣，以及第一次世界大戰的省思和啓示）。
一九一八	前往蘇黎世大學，跟隨卡爾・榮格（**Carl Jung**）、保羅・尤金・布魯勒（**Paul Eugen Bleuler**），研習心理學，對於心理分析萌發深遠興趣。
一九一九	皮亞傑接受西奧多・西蒙（**Théodore Simon**）邀約，離開瑞士，前往巴黎，任職於阿爾弗雷德・比奈（**Alfred Binet**）創辦的男童學校（位於巴黎第十區美麗穀倉街（**Grange-aux-Belles**），協助批改學童的智力測驗標準化量表（比西智力量表）。這讓他有機會研究智力發展的過程，並且進行了孩童心智成長的實驗。皮亞傑發現，孩童持續給出錯誤答案，而且

	錯誤的形態明顯與大一點的兒童和成年人不同。這就萌發了幼兒認知過程與成年人的認知過程本質上不同的理論念頭。最終，他提出認知發展階段理論，每個發展階段都表現出某些共同的認知模式。
一九二〇	皮亞傑對幼兒心理學愈來愈感興趣。運用半臨床訪談的研究方法，他發掘並試圖解釋，兒童的認知如何從自我中心化轉向社會（社會互動）中心化。
一九二一	（另外有資料記載為一九一八年）取得納沙泰爾大學博士學位，研究主題為瑞士瓦萊州的軟體動物學。
一九二一—一九二五	接受愛德華·克拉帕德雷（Édouard Claparède）與皮耶·博維特邀約，回到瑞士，擔任日內瓦大學盧梭研究院的研究部主任。皮亞傑熟悉了克拉帕德雷關於人類心智「嘗試錯誤」運作的心理概念。
一九二三	和瓦萊麗·沙特奈（Valerie Châtenay, 1899-1983）結婚，兩人育有三個子女，賈桂琳（Jacqueline，一九二五年出生）、露西安（Lucienne, 1927）、羅倫（Laurent, 1931），從嬰孩時期，皮亞傑就研究子女的智能和語言發展，這也成為他研究兒童認知發展的基礎。出版《兒童的語言和思考》（*Le Langage et la pensée chez l'enfant*）。

一九二五—一九二六	出版《兒童對世界的再現》，或譯《兒童對世界的概念》（*La Représentation du monde chez l'enfant*）。
一九二五—一九二九	納沙特爾大學，心理學、社會學和科學哲學教授。
一九二七	出版《兒童的實物因果概念》（*La causalite physique chez l'enfant*）。
一九二八	達沃斯國際大學籌備處，校務課程發展教授。
一九二九—一九三九	日內瓦大學，科學思想研究所傑出教授、所長。
一九二九—一九六七/一九六八	日內瓦，UNESCO聯合國教科文組織，國際教育局主任，長達三十九年。每一年，他都會在國際教育局理事會和國際公共教育大會致詞，倡導他的教育信條，包括：世界和平教育、聚焦世界各國民族主義和政治意識型態的對話，世界青年教育，會員國教育部長級對話。
一九三二—一九七一	日內瓦大學，教育科學研究所所長。
一九三二	出版《兒童的道德判斷》（*Le jugement moral chez l'enfant*）。

一九三六	出版《兒童智能的起源》（*La naissance de l'intelligence chez l'enfant*）。
一九三六年以後	獲頒全世界三十多所大學榮譽博士學位，包括：〔美國〕哈佛大學（一九三六年）；〔法國〕巴黎—索邦大學（一九四六年）；〔巴西〕巴西大學（一九四九年）；〔比利時〕布魯塞爾大學（一九四九年）；〔美國〕芝加哥大學（一九五三年）；〔加拿大〕麥吉爾大學（一九五四年）；〔波蘭〕華沙大學（一九五八年）；〔英國〕曼徹斯特大學（一九五九年）；〔挪威〕奧斯陸大學（一九六〇年）；〔英國〕劍橋大學（一九六二年）；〔美國〕布蘭迪斯大學（一九六二年）；〔加拿大〕蒙特婁大學（一九六四年）；〔法國〕艾克斯—馬賽大學（一九六六年）；〔美國〕賓州大學（一九六六年）；〔西班牙/加泰羅尼亞〕巴塞隆納大學（一九六六年）；〔美國〕耶魯大學（一九七〇年）；〔英國〕布里斯托大學（一九七〇年）；〔英國〕國家學術資格委員會（CNAA，一九七五年）等等，共三十多所大學。
一九三八—一九五一	洛桑大學，實驗心理學和社會學系教授、主任。

一九三九－一九五一／一九五二	日内瓦大學，社會學教授。
一九四〇－一九七一	日内瓦大學，發生學與實驗心理學教授。
一九四一	出版《兒童的數字概念》（*La genèse du nombre chez l'enfant*）。
一九四五	出版《兒童的符號形成：模仿、遊戲、夢、意向與再現》（*La formation du symbole chez l'enfant; imitation, jeu et reve, image et representation*）。
一九四六	出版《兒童時間觀念的發展》（*Le développement de la notion de temps chez l'enfant*）。
一九四七	出版《智能心理學》（*La psychologie de l'intelligence*）。
一九四八	出版《兒童的自發性幾何概念》（*La Géométrie spontanée de l'enfant*）。
一九五〇	出版《兒童的現實建構》（*La construction du réel chez l'enfant*）以及《發生認識論導論》三卷（*Introduction à l'épistémologie génétique 3 Vols*）。

一九五〇／一九六六	與Inhelder, B.合著，《兒童心理學》（*La psychologie de l'enfant*）。
一九五一	出版《兒童機率概念的起源》（*La genèse de l'idée de hasard chez l'enfant*）。
一九五二	Piaget, J.〈自傳〉（Autobiography），收錄於E. Boring主編《自傳中的心理學史》（*History of psychology in autobiography*），第四卷。
一九五二—一九六三／一九六四	巴黎—索邦大學，發生心理學教授。
一九五三	出版《邏輯與心理學》（*Logic and Psychology*）。
一九五四	出版《心智與情感在兒童發展期間的關係》（*Les relations entre l'intelligence et l'affectivité dans le développement de l'enfant*）。
一九五四—一九五七	獲選成為國際心理科學聯盟（International Union of Scientific Psychology）會長，連任至五十七年。

一九五五	與Inhelder, B.合著，《童年到青少年的邏輯思維發展》（*De la logique de l'enfant à la logique de l'adolescent*）。
一九五五—一九八〇	創立日內瓦國際發生認識論中心，擔任主任，與各領域學者專家合作產生認識論研究。
一九五九	出版《基礎邏輯結構的發生》（*La genèse des structures logiques elementaires*），敘述兒童早期的邏輯成長。
一九六一	出版《知覺的機轉：機率模式、發生學分析與心智的關係》（*Les mécanismes perceptifs: modèles probabilistes, analyse génétique, relations avec l'intelligence*）。 與Beth, E. W.合著，《數學認識論與心理學：形式邏輯與具體思維的關係文選》（*Épistémologie mathématique et psychologie: Essai sur les relations entre la logique formelle et la pensée réelle*）。
一九六二	〈回應維高斯基的批評〉Commentary on Vygotsky's criticisms，收錄於《心理學新知期刊》（New Ideas in Psychology, 13, 325-40, 1995）。

一九六四	受邀前往康乃爾大學（三月十一至十三日）、加州大學柏克萊分校（三月十六至十八日），擔任研討會首席顧問，大會主題為：兒童認知發展研究和課程發展的關係。
一九六六	出版《六項心理學研究》（*Six études de psychologie*）。 出版《兒童的心理意象：想像再現的發展研究》（*L'image mentale chez l'enfant : études sur le développement des représentations imagines*）。
一九六七	出版《邏輯與科學認知》（Logique et connaissance scientifique）。 與Inhelder, B.合著，《兒童的空間概念》（*The Child's Conception of Space*）。 出版《生物學與知識：生物有機體的調節作用與認知過程關係論文集》（*Biologie et connaissance; essai sur les relations entre les régulations organiques et les processus cognitifs*）。
一九六八	出版《結構主義》（*Le Structuralisme*）以及《記憶與心智》（*Memoire et intelligence*）。

一九六九	桑代克獎（E. L. Thorndike Award），以及美國心理學會心理科學傑出貢獻獎（APA Award for Outstanding Scientific Contribution to Psychology）。 出版《心理學與教學論》（*Psychologie et pédagogie*），探討教育科學與兒童心理學研究的關係。
一九七〇	出版《從青少年到成年的心智演化》（*L'evolution intellectuelle entre l'adolescence et l'age adulte*）以及《心理學與知識論：邁向知識心理學》（*Psychologie et epistémologie*）。
一九七一	出版《發生認識論》（*Genetic Epistemology*）。
一九七一—一九八〇	日內瓦大學，榮譽教授。
一九七二	獲頒伊拉斯謨獎（Prix Érasme），荷蘭伊拉斯謨基金會（Praemium Erasmianum Foundation）頒發，表揚皮亞傑對於歐洲及世界其他地方的文化、社會或社會科學的傑出貢獻。

一九七三	出版《教育的未來：理解與創新》（*To Understand Is to Invent: The Future of Education*）：譯自〈當今世界的教育正道〉（*Le droit a l'education dans le monde actuel*, 1948）與〈教育何去何從？〉（*Ou va l'education*, 1971）。
一九七四	「尚．皮亞傑檔案基金會」（La Fondation Archives Jean Piaget），已故芭蓓爾．英海爾德（Bärbel Inhelder）教授為紀念皮亞傑而創立的私人基金會。基金會的宗旨是要宣揚皮亞傑著作的重要性。位於日內瓦大學，基金會收藏了皮亞傑在心理學和發生認識學等方面的所有著作，以及日內瓦發展心理學領域啓發的二級文獻。 出版《幼童的行動、概念與意識覺察》（*La prise de conscience*）。
一九七五	出版《認知結構的平衡化：心智發展的核心問題》（*L'equilibration des structures cognitives*）。
一九七六	Piaget, J.〈自傳〉（Autobiographie），收錄於《歐洲社會科學期刊》，Revuee Européenne des Sciences Sociales, 14 (38-39), 1-43。

一九七七	出版《社會學研究》（Sociological Studies）、《反思抽象研究》（*Studies in Reflecting Abstraction*）。 〈論必然性〉Essay on necessity，收錄於《人類發展期刊》，Human Development, 29, 301-14, 1986。
一九七九	獲頒巴爾贊獎（Balzan Prize），義大利—瑞士的國際巴爾贊獎基金會（International Balzan Prize Foundation）頒發，表揚皮亞傑在社會科學與政治學領域的傑出貢獻。另外，他還贏得十多項國際獎項。 Massimo Piattelli-Palmarini主編，《語言和學習的理論：皮亞傑和喬姆斯基的論辯》（*Theories du language, theories de l'apprentissage*）。
一九八〇	九月十六日，皮亞傑逝世於瑞士日內瓦，享年八十四歲，身後安葬於普蘭帕雷公墓。
一九八一	出版《可能性與必然性》兩卷（Possibility and Necessity, 2 Vols）。
一九八三	與Garcia, R合著，《心理發生與科學史》（*Psychogenèse et histoire des sciences*）。 Piaget, J.〈皮亞傑理論〉，收錄於P. Mussen主編《兒童心理學手冊》第四版，第一卷。

一九八七	與Garcia, R.合著《邁向意義的邏輯》（Towards a Logic of Meanings）。
一九九〇	與Henriques, G, & Ascher, E.合著《形態與範疇》（Morphisms and Categories）。

索引

名詞索引

六劃

七劃

八劃

九劃

十劃

十一劃

十二劃

十三劃

十四劃

十五劃以上

人名索引

四劃

九劃

十劃

十一劃

十二劃

十三劃

十四劃

十五劃以上

經典名著文庫042

結構主義

作　　者 —— 皮亞傑（Jean Piaget）
譯　　者 —— 王紹中
發 行 人 —— 楊榮川
總 經 理 —— 楊士清
文庫策劃 —— 楊榮川
副總編輯 —— 陳念祖
特約編輯 —— 張碧娟
責任編輯 —— 李敏華
封面設計 —— 姚孝慈
封面作者繪像 —— 莊河源
出 版 者 —— 五南圖書出版股份有限公司
地　　址 —— 台北市大安區 106 和平東路二段 339 號 4 樓
電　　話 —— 02-27055066（代表號）
傳　　眞 —— 02-27066100
劃撥帳號 —— 01068953
戶　　名 —— 五南圖書出版股份有限公司
網　　址 —— http://www.wunan.com.tw
電子郵件 —— wunan@wunan.com.tw
法律顧問 —— 林勝安律師事務所　林勝安律師
出版日期 —— 2018 年 11 月初版一刷
定　　價 —— 320 元

國家圖書館出版品預行編目資料

結構主義 / 皮亞傑（Jean Piaget）著；王紹中譯．--初版--
臺北市：五南，2018.11
面；公分．—（經典名著文庫）
譯自：Le structuralisme
ISBN 978-957-11-9943-6（平裝）

1. 結構主義

143.89　　107015680